秘密の法

人生を変える新しい世界観

THE LAWS OF SECRET

RYUHO OKAWA
大川隆法

まえがき

科学の発展で、解明できないものは何もなくなったはずの現代文明なのだが、どうしてどうして、日常生活の中にも未知のものがあふれている。人間としてこの世を生きることの不思議を、もっともっと悟ってほしいと思う。

本書には、不思議なエピソードや体験が満ちあふれている。こうしたことに気づかずに生きている人々が多いと思うが、スピリチュアルな眼を持った宗教家には、世界は、もう一つの法則に導《みちび》かれている鮮《あざ》やかなものに見える。

本書は、あなたがたに、新しい世界観を与え、生きてゆくための新しい指針を与えるだろう。
『秘密の法』が、あなた自身の「常識」に変わる時、世界は、より美しく、喜びに満ちたものになるだろう。そしてあなたは、神に生かされていることの神秘に、感謝するに違いない。

二〇二〇年　十二月

幸福《こうふく》の科学《かがく》グループ創始者兼総裁《そうししゃけんそうさい》　大川隆法《おおかわりゅうほう》

秘密の法　目次

第1章　宗教《しゅうきょう》の秘密《ひみつ》の世界

――この世とあの世の真実を解《と》き明かす

第2章　霊障者《れいしょうしゃ》の立ち直りについて

――ウィルス感染《かんせん》と憑依《ひょうい》の秘密

2　仕事や勉強でのキャパオーバーが霊障を招《まね》く　108

第3章　ザ・リアル・エクソシストの条件
――悪魔祓《ばら》いの霊的秘儀《ひぎ》

第4章　降魔《ごうま》の本道

――世界を輝《かがや》かせる法力《ほうりき》とは

第5章　信仰《しんこう》からの創造《そうぞう》

――人類の危機《きき》を乗り越える秘密

第1章

宗《しゅう》教《きょう》の秘《ひ》密《みつ》の世界

この世とあの世の真実を解《と》き明かす

1 「本来の世界」から見たこの世の見え方

「真理の探究《たんきゅう》」ではなく「真理の阻害《そがい》」になっている学問

本章では、地上の生き方とは別《べつ》の「本来の世界」のほうに足場を置《お》き、思ったことや考えたことについて話をしたいと思います。

現実《げんじつ》には、明治以降《めいじいこう》に入った西洋型《がた》の学問等のほとんどは、実用の学や理数系《けい》の技術《ぎじゅつ》的なものとしては役に立つものも多いのですが、宗教《しゅうきょう》が教えるような「真理の世界」、あるいは「神秘《しんぴ》の世界」を教えるということにおいては、まったく無力《むりょく》であります。無力ということだけではなく、ある意味では有害《ゆうがい》にもなっていて、学問とは「真理の探究《たんきゅう》」でなければならないところを、学問そのものが「真理の阻害《そがい》」になってしまっているところがあるのではないかと思うのです。

はっきり言えば、仏法真理的《ぶっぽうしんり》に、すなわち「真実の真理の世界」から見ると、「ガラクタの山」のように見えなくはないということです。確《たし》かに、ガラクタの山でも、それを分別《ぶんべつ》し、似《に》たものを圧縮《あっしゅく》して使えば、ほかのものに変《か》えることはできます。そうしたこの世的な「変形《へんけい》の力」で、別なものに変えることはできるかもしれませんが、しょせんガラクタはガラクタであり、いくら組み立てようと阻害要因《よういん》でしかないというところはあるのではないかと思います。

ですから、頭の中身にそういうものがたくさん入っているので、霊的《れいてき》な現象《げんしょう》などを体験《たいけん》しても、それを素直《すなお》に見ることができず、まずは否定《ひてい》してかかる、疑《うたが》ってかかるということが普通《ふつう》になっています。

そのため、昔に比《くら》べて、「霊体験をした」という人がはるかに減《へ》っているようには思います。あるいは、「実《じつ》はある」のかもしれませんが、唯物論的《ゆいぶつろん》に考えて自分で否定していくという感じでしょうか。そういう体験を否定するために、霊体験とは認識《にんしき》せずに終わるということが多いのかもしれません。

ホラー映画《えいが》の多くは荒唐無稽《こうとうむけい》なものに見える

そうかと思えば、映画《えいが》の世界では、ホラー映画等は日本のものも海外のものも、私のように霊的体験を数多く積《つ》んでいる者から見れば、「荒唐無稽《こうとうむけい》」と言うべきか、「こんなことが実際《じっさい》にあるわけがないではないか」というようなことが山のように入っています。想像《そうぞう》で描《か》いてつくっているというところでしょうか。

そういうことがあり、「何もないよりはよいのかな」と思いつつも、要するに、それは人間の持っている感情《かんじょう》のなかの「恐怖《きょうふ》」のところに一生懸命訴《いっしょうけんめいうった》えているだけなのです。「どうしたら恐怖心を増大《ぞうだい》できて、その恐怖心がジェットコースターのようになるか。恐怖がエンターテインメントに代わるものになるか」、そういうものを目指しているように見えます。ですから、ホラーをつくっていても、〝お化《ば》け屋敷《やしき》の延長上《えんちょう》〟にあるといえば、そうかもしれません。

以前、観《み》た映画で、「ＴＨＥ ＦＯＧ《ザ・フォッグ》」というアメリカのホラー映画があります。「ＦＯＧ」とは「霧《きり》」のことですが、霧の日に紛《まぎ》れて幽霊船《ゆうれいせん》が現《あらわ》れ、百年前に島の人たちに殺《ころ》された乗組員たちが島を襲《おそ》ってくるというものです。襲ってくる以上、来るのは幽霊のはずです。

そういうものを少し観ていたのですが、あまりにも目茶苦茶《めちゃくちゃ》というか、「怖《こわ》ければ何でもいいのかな」という感じがして、Ｂ級イメージが強かったのです。公開時、初回《しょかい》は一位《い》になったこともあるらしいのですが、私から見ればＢ級に近いものでした。

何せ、その幽霊は、幽霊船から来ているのでもちろん船乗りなのでしょうけれども、みな足があるのです。あちらでは基本《きほん》的に土葬《どそう》をするので、彼らが描《えが》く幽霊はみなゾンビになっています。「土葬された者が生き返って出てくる」といった感じのイメージで見ているので、銃《じゅう》で撃《う》てるし、火で焼《や》けるわけですが、そのようにいろいろできるのは、ゾンビだからなのです。

また、その船乗り系の幽霊のはずのものですが、霧がやって来て家のなかに入ってくると、長靴《ながぐつ》かブーツか、幽霊も何か靴を履《は》いているのだと思いますが、天井《てんじょう》を逆《さか》さまに歩いて、水の滴《したた》る足跡《あしあと》が天井についていくわけです。これはありえない話であり、幽霊を知らない人がつくっているとしか思えません。

ただ、こうしたことは、ほかのものでも同じです。

エクソシストものでも、新体操《しんたいそう》風に逆立《さかだ》ちをし、エビのようになって階段《かいだん》を下りてくるものがあったり、首が三百六十度回るものもあったりしますが、人間であれば、首が三百六十度も回ったら折《お》れてしまうのでありえませんし、逆さまにも歩けません。

そういうことをして怖がらせてはいますけれども、やや非現実《ひ》すぎて、かえって信憑性《しんぴょう》がなくなるような気がするのです。あるいは、そのように表現しないと、恐怖を描けないということでもあるのかもしれません。

霊的《れいてき》世界についてよく知れば「怖《こわ》い」という感情《かんじょう》はなくなる

私のほうは、気がつけば、ほぼ毎日のようにこの世を離《はな》れた人と話をしています。もしかしたら、初期のころは、多少は「怖《こわ》い」という経験《けいけん》もあったのかもしれませんが、仕事で四十年近くやっていると、もう「怖い」という感情《かんじょう》は特《とく》にないのです。

これは、霊的能力《れいてきのうりょく》にもよるのかもしれません。

幸福の科学では、悪魔《あくま》や悪霊《あくれい》、悪霊《あくりょう》等を出しても、実に〝かわいい〟ところがあるので、逆《ぎゃく》に誤解《ごかい》されることもあるかもしれませんが、テレビにたまに出てお祓《はら》いをするような、普通の霊能師《れいのうし》ぐらいの人に悪霊《あくりょう》がかかってくると、脂汗《あぶらあせ》をかいて転げ回るような苦しみを味わうことが多いのです。そういう意味では、怖いのかもしれません。

当会で霊言《れいげん》を行う場合は、霊は呼《よ》んだら来ますし、「帰ってください」と言ったら帰ってくれます。あまりに言いつけをよく守る霊が多いために、それほど怖くないのかもしれませんが、これは霊能力に差《さ》があるため、そのようなことが起きているのです。

高級霊が来る場合でも、今はわりと普通に話をしているように見えていると思いますが、私が霊道《れいどう》を開いた最初《さいしょ》のころは、もう少し畏《おそ》れ多く、「遠い高い世界から来るものだ」と思い、「こちらも人間として、高級霊を敬《うやま》わなければいけない」といった気持ちもありました。ところが、悟《さと》りの内容《ないよう》が、こちらのほうがだんだん高くなってくると、逆転してくるような感じがはっきりと出てきたので、これも相対的なものにしかすぎないのではないかという気はしています。

ですから、霊的世界にまったく無知な人にとっては、あらゆるものが「恐怖」ないし「不思議《ふしぎ》」、「飛《と》び上がるような怖さ」になるのでしょうが、よく知っている人から見れば、それほど怖がるようなものでもないのです。昼間に出てきたらゾッとして飛び上がるようなことでも、よく知っている人から見れば、「ああ、ちょっと今、忙《いそが》しいので、あちらに行ってもらえないか」という感じになるため、ホラーでよくある〝血みどろの海〟になるといった感じには、まずなりません。

このあたりに、だいぶ違《ちが》いがあると思います。

やはり、恐怖を感じるのは、あくまでも地上に足場があって物事を見ていて、「地上を離れた世界はとても怖いところだ」という気持ちがあるからでしょう。

特別《とくべつ》な条件《じょうけん》がなければ、霊《れい》がこの世に影響《えいきょう》を現《あらわ》すことはできない

一方、「あちらの世界が本来の世界だ」という認識を持って物事を見て、この世の生き方というのを、「霊的《れいてき》な存在《そんざい》が体のなかに宿って生活しているのだ」というように思うと、どうでしょうか。

この世においては、こちらは肉体も持っていて、自分の所属《しょぞく》下、統制《とうせい》下にその肉体があり、魂《たましい》が入って、霊子線《れいしせん》というものでつながって〝一体化〟しているため、通常《つうじょう》は乗っ取れませんし、ほかのものが入れない状態《じょうたい》になっています。

向こうは「肉体がなくて霊体《れいたい》だけ」なので、この世の世界においては、「肉体と霊体とが一体化」している私たちのほうが、本当は力は強いのです。向こうは肉体を持っていないので、この世に影響《えいきょう》を現《あらわ》そうとしても、何か特別《とくべつ》な条件《じょうけん》がないと現すことができないわけです。

欧米《おうべい》系のホラーでは、物理的なサイキック的な霊能力を現す幽霊なども多いのですが、あちらの人は肉食ですし、銃で人を殺したりもしますし、昔から山刀《やまがたな》のようなもので動物を割《さ》いて食べたりもしていたので、「もしかしたら、日本とはやや違って、念《ねん》が強いのかもしれない」と思うところもあります。

しかし、普通は、霊体になると、この世のものを動かそうとしても、条件が成《な》り立たないと動かないので、なかなか十人に一人も物質《ぶっしつ》的に動かすことができる人はいません。率的《りってき》にはもう少し少なくて、百に一つあるかどうかです。

それも、何かを起こしても、自然《しぜん》現象だと思われるようなことが多いのです。本がパタッと落ちてくるとか、風が吹《ふ》き込《こ》んでくるとかいうことがあっても、たいていは「どこか閉《し》め忘《わす》れたかな」とか「本が落ちたけれども、地震《じしん》でもあったかな」とかいうように感じる人も多いので、なかなか理解するのは難《むずか》しいわけです。

ただ、みなさんも、子供《こども》時代からときどき、怖い話や映画、本、テレビ等で、鳥肌《とりはだ》が立つような現象を経験したことはあるだろうと思います。

ちなみに、現代語では「鳥肌が立つ」というのは、何かよい意味に使うことのほうが多いらしく、「鳥肌が立つほど素敵《すてき》」という感じの言い方をするそうです。

昔も、そういう使い方をしていた時代はあったのですが、その後、悪い意味というか、「霊的なものがかかってきて鳥肌が立つ」など、「怖い」という感じでの使い方のほうが長くありました。最近はまた、意味が分からない人のほうが多くなり、例《たと》えば、「ダイヤモンドの指輪《ゆびわ》をもらって鳥肌が立った」というように、よいほうの意味で使うことも多くなっているので、意味はやや不明ではあります。

いずれにせよ、怖い話をしていると「鳥肌が立つ」という現象はあるのです。

昔、外国人と英語《えいご》でノストラダムスの話をしていたら、向こうが、「鳥肌が立ってきた」と言っていたので、「ああ、あちらの方《かた》でも、やはり、そうなるのだな。人種《じんしゅ》は違っても、そのようになるのだな」と思ったことがあります。

ですから、現象として、毛穴《けあな》から総毛立《そうけだ》つような感じというのは、たまにありますし、寒気《さむけ》がするようなことも、みな経験としてはあるのではないかとは思います。そうした、ある意味での「霊的な感覚《かんかく》」のようなものは持っているのでしょうが、そういう世界に入らない人のほうが多いのです。

昔から、修行者《しゅぎょうしゃ》が一人で山などに籠《こ》もる理由

一般《いっぱん》社会には、どちらかといえば、β波《ベータ》といわれる、霊界《れいかい》とのつながりを阻害するようなものがとても多くあります。テレビもラジオも、その他の音楽、あるいは会話、騒音《そうおん》等もすべてそうですが、やはり、いろいろな「音」が入ってくると、通信が途切《とぎ》れるような感じで切れてしまうわけです。

その意味で、昔から、修行《しゅぎょう》するときには山のなかに籠《こ》もったり、一人で修行し

たりすることが多いというのは、そういう邪魔《じゃま》が入らないところが大きいということです。

ただ、そのなかでも難しいことは多く、例えば、千日回峰行《せんにちかいほうぎょう》では、歩いているときと籠もっているときの両方があるのですが、「断食《だんじき》して籠もっていたりすると、魔境《まきょう》が現れてくる」ということはよく言われています。

それは、何かすごく敏感《びんかん》になっているのです。音などにも敏感になっていて、普通は聞こえないような音や声が、聞こえてくるようになることがあるわけです。

そうした、「できるだけ邪魔になるものを遠ざけて一人になることで、霊体験を積む」というのは、昔から修行としてはあることだと思いますし、そういう体験の少ない人は、確かに「感じない」ことが多いのです。何か物理的な現象でも起きなければ、感じないことがあります。交通事故《じこ》が続《つづ》くとか、火事が続くとか、そういう何か不幸な体験でも続けば、感じることはあるわけです。

そのように、「あの世をこの世の人に伝《つた》える現象」は幾《いく》つかあるのですが、やはり、数はかなり減ってはきています。

2　人魂《ひとだま》の真相について

私の小学生時代は「人魂を見た」という人は多かった

私の子供《こども》のころには、「人魂《ひとだま》を見た」、あるいは「火の玉」ともいいますが、「火の玉を見た」という人は、小学校あたりの同級生だと、かなり多かったと思います。何割《わり》かは確実《かくじつ》にいましたし、場所も特定《とくてい》できました。

例《たと》えば、今はもう建物《たてもの》も変《か》わり、保育所《ほいくしょ》になっている所に、昔、私が通っていた川島《かわしま》小学校という小学校がありました。

そして、その裏手《うらて》の一段下《だん》がった所、裏側《がわ》の田んぼのなかに、「裏の校庭」とよく言っていた、バックネットだけがあるぐらいの校庭がありました。私たちは、そこでよく「野球」と称《しょう》するソフトボールをしていたのですが、夕方になると、ときどき怖《こわ》くなる体験《たいけん》をすることがあったのです。

それは、バックネットの半《なか》ばから上のあたりに、人魂が飛《と》び始めるのを見るという体験でした。さすが田舎《いなか》ですが、「あれは人魂じゃないか」と言うと、みな「そうだ」「帰ろうか」と言って、慌《あわ》ててバットとボールとグローブを集めて、逃《に》げて帰るような経験《けいけん》をしたことがあります。

また、よく人魂が出没《しゅつぼつ》する所としては、幸福の科学の映画《えいが》にも出ましたが、阿《あ》波《わ》川島駅から徳島《とくしま》駅に向かって出ていく所、駅からわずか百メートルか二百メートルぐらいの所に丘《おか》を抜《ぬ》いた切り通しがあって、その右側の丘の上のほうに、実はお墓《はか》がありました。

私たちは、子供時代、昼間はその近くで平気で隠《かく》れんぼをしたり、穴《あな》を掘《ほ》って、「トム・ソーヤーの冒険《ぼうけん》」のようなことをしたりして、ときどき所有者に怒《おこ》られたりはしていたのですが、夕方になると、そのあたりで、やはり「人魂を見た」という人がものすごく多く、みな、日が暮《く》れると帰ることが多かったのです。

また、ほかの本にも書いたことはありますが、小学校時代、私には一歳《さい》上の友《とも》達《だち》がいました。その子の家は、自宅《じたく》から歩いてそんなに遠くなく、「ガードレール」と呼《よ》ばれている「高架《こうか》」の下をくぐって向こう側に行った所にありました。農家だったのではないかと思いますが、その家の縁台《えんだい》のような所で、小学校の低《てい》学年《がくねん》のときに、その一学年上の子とよく将棋《しょうぎ》をしていました。

その子の家は二階建《だ》てだったのですが、そこのおじいさんが亡《な》くなるときに、一週間ぐらい前から、「人魂が屋根の上から出たり、帰っていったりするのを見た」という人が何人かいて、「へえー、そんなことがあるんだ」と思っていたら、本当に一週間後ぐらいにおじいさんが亡くなってしまったのです。

これは今で言うと、死ぬ前に〝体外離脱《りだつ》の練習〟があって、「魂《たましい》が肉体から出たり入ったりする」「ときどき離《はな》れる」という経験をしていたのではないかと思います。そういった話はたくさんありました。

なお、私が小学生のころは、「墓場などの人魂、火の玉というのは、燐《りん》が燃《も》えているのだ」というように、みな、常識《じょうしき》的には言っていましたが、普通《ふつう》に考えるとおかしく、「遺体《いたい》は焼《や》いてあるはずなのに、燐が残《のこ》っているのかな」と思います。ただ、人体のなかには、マッチ等の燃えるところにも入っている燐という成《せい》分《ぶん》があるので、「それが燃えて、こうなっているのだ」というような、まことしやかな話が、週刊誌《しゅうかんし》ならぬ少年雑誌《ざっし》のグラビア等には載《の》ったりはしていました。

しかし、考えてみると、きちんとしたお墓が立っていて、そんなに古いものでもなければ、突如《とつじょ》、燐が発火して空を飛んだりすることはなかろうと思います。

とはいえ、そういった経験はよくあったものです。

監視《かんし》カメラに映《うつ》った人魂を多数の人が目撃《もくげき》

いちばん最近《さいきん》聞いたのは、次のような話です。

私の父親（善川三朗名誉顧問《よしかわさぶろうめいよこもん》）は、二〇〇三年の八月十二日に亡くなっています。父は、その年の五月ぐらいから入院していたのですが、母がいる自宅から入院先まで、少し距離《きょり》がありました。そのため、昼間は誰《だれ》かが見舞《みま》いに行っていたのですが、父が寝《ね》たきりになっていたこともあって、三カ月ぐらい、母等は行っていなかったのです。

お盆《ぼん》にかかるころに父は亡くなったのですが、そのころに、母のお世話をしている秘書《ひしょ》等も含《ふく》め、多数の人が人魂を目撃《もくげき》したようです。

警備《けいび》上、母の家の玄関《げんかん》の入り口の所に、門に向けて監視《かんし》カメラが付《つ》いているのですが、「そのカメラが記録《きろく》している映像《えいぞう》を観《み》たら、人魂がたくさん飛んでいるのが映《うつ》っていて、あれにはゾッとした」と母が言っていたのです。ちょうどお盆の時期に父は亡くなったのですが、「人魂が複数《ふくすう》いた以上《いじょう》、本人のものだけとは言えないと思うので、迎《むか》えに来ていたのではないか」ということを母は言っていました。

そのように、人魂はカメラに映るようなので、「このカメラに映る火の玉というのは、いったいどのようなものなのか」ということを、本当は、何とか科学的に判定《はんてい》しなければいけないでしょう。

「それはプラズマだ」と言っている人もいますが、その人はあの世を信《しん》じていません。早稲田《わせだ》の理工学部で実験装置《そうち》をつくり、プラズマをつくって、「これが人魂の正体だ」と言ったとしても、そのような実験装置は、ほかにはどこにもないので、そうすると、人魂が飛んでいるはずはないでしょう。また、ホタルを人魂と間違《まちが》えるということも、大きさが違うのでありえません。

また、小学校時代に聞いた話ですが、川島町の生家の親戚《しんせき》が、夏場の夜に鮎《あゆ》やウナギなどを捕《と》りに行っていたようで、映画等に出てくる潜水橋《せんすいきょう》の近くへ木船に乗っていって、ランタンなどで川底《かわぞこ》を照《て》らしながら銛《もり》で突《つ》いたりしていました。鮎などは苔《こけ》を食べるので餌《え》釣《づ》りはできず、友釣りか、針《はり》をたくさん付けたものを転がして引っ掛《か》けて捕るしかないのですが、夜だと、動きが鈍《にぶ》くなっているところを上から刺《さ》して捕れることがあります。そういった仕事をしていたのだと思います。

「そのときに、潜水橋の上から大きな人魂がグーッと飛んできて、川の底が明るく見えた。川底の石まで見えた」と言っていたので、一定の光度があるらしいということは分かるのですが、なかなか不思議《ふしぎ》なものです。

「人間は霊体《れいたい》である」と知らないと、死後の旅立ちも難《むずか》しい

ただ、人魂になった人のほうに〝訊《き》く〟と、その人たちには、そのようになっている気持ちはまったくなく、人間として空を飛んでいるような気持ちでいるらしいということも分かっています。

以前、『神秘の法《ほう》』などにも書いたことはありますが、ギネスブック的に値打《ねう》ちのあることとしては、「人魂のなかに手を突っ込《こ》んだら、どうなるか」というような問題があります。

タイミングがそんなにはないので、そういった例《れい》はなかなかないのですが、それでも、二例ぐらい、行《おこな》ったことがある人の例はあるようです。火傷《やけど》をするような熱《あつ》さはなかったようで、一人は「綿菓子《わたがし》のような感じだった」

『神秘の法』(幸福の科学出版刊)

と言っていますし、もう一人は「絹織物《きぬおりもの》を触《さわ》ったときのような感じの手触りだった」という言い方をしています。

私も感触《かんしょく》としては少し分かりますが、本人は人間のつもりでいるわけです。相対観《かん》なので、あちらから見ると、「空を飛んでいて、低《ひく》く飛んだら下から鬼《おに》が追いかけてきた」というように見えたりもするらしいのです。

そういうふうな不思議な世界ですが、「死ぬと、魂になって空中を飛ぶ」ということを理解《りかい》していないと、いろいろなことが起きることもあるのです。

また、そのように、「人間が霊体《れいたい》である」ということを知っていないと、死後の旅立ちもなかなか難《むずか》しいと思います。

そこで、死後の旅立ちを助けるために、実際《じっさい》に、死ぬ少し前ぐらいから、霊子《れいし》線《せん》を付けたままで体外離脱をしたり、戻《もど》ったりするような体験をすることがあります。あるいは、病院に入院中、天井《てんじょう》あたりから下を見る体験をしたり、すでに亡くなっている親戚や先祖《せんぞ》と会ったりすることもあり、その話を、起きているときに見舞客に言ったりすることも多いようです。

ただ、今はそういう話をしても、あまり相手にされずに「はいはい」と言われるだけかもしれません。

いずれにせよ、「人間の実体は、霊体である」ということを知っていることが大事です。

西洋と東洋では幽霊体験《ゆうれいたいけん》のかたちが異《こと》なる

西洋系《けい》のほうでは、先ほど述《の》べたように、「ゾンビ型《がた》」の復活《ふっかつ》が多いようです。これは、エジプトのミイラの伝統《でんとう》が流れていることと、イエスが肉体を持って復活したように『聖書《せいしょ》』には書かれていることなどがあるため、だいたいそのように思う気《け》があるのかもしれません。西洋系のものには、「人魂型」のものはあまり出てこないのです。

一方、東洋系では、例えば、中国でも人魂のようなものが当然《とうぜん》出てきますし、インドの文献《ぶんけん》等を読んでも、胸《むね》のあたりから小さい玉のようなものが出てくるということがよく書かれています。それは、私たちが思っているよりも、もう少し小さい大きさではあります。

東洋のほうでは、そういうものを実際に見た人が多かったのではないでしょうか。おそらく、それは瞑想修行《めいそうしゅぎょう》やヨガ修行のようなものをしていた人が、わりあい多かったからではないかと思います。

この地上に生きている人に影響《えいきょう》を与《あた》える場合は、死んでまもない人が来たり、私たち幸福の科学のような宗教《しゅうきょう》で何か必要《ひつよう》があり、使命のあるときに、いろいろな霊人《れいじん》たちが教えに来たりするようなことなどもあります。

しかし、それ以外の場合は、たいてい、天国まで旅立てていない者が、地上で関係のあるような場所にいる人か、人同士《どうし》で関係のある人などに、何らかのきっかけで出会ったりするようなことが多いと思います。このようなものも、幽霊体《ゆうれいたい》験《けん》の一つではあるでしょう。

3　さまざまな「霊体験《れいたいけん》」や「霊場《れいじょう》の存在《そんざい》」

最近《さいきん》のホラー映画《えいが》に描《えが》かれる「電子機器《きき》を使う幽霊《ゆうれい》」への疑問《ぎもん》

最近《さいきん》の映画《えいが》のなかには、幽霊《ゆうれい》がスマホや携帯《けいたい》電話等の電子機器《きき》を使いまくるようなものも出てくるので、私としては少々ついていけないところもあります。

例《たと》えば、「貞子《さだこ》」という幽霊が出てくる映画があります。「厚《あつ》みのあるビデオテープをカセットデッキに入れて、その映像を観《み》たら電話がかかってきて、一週間後に死ぬ」という話です。電話というのもおかしな話ではあるのですが、そのビデオを観た人は、ほかの人に観せれば、そちらに呪《のろ》いが移《うつ》るというような、「不《ふ》幸《こう》の手紙」風のものでした。

ただ、今はカセットデッキが出回らなくなったので、スマホやほかのものに替《か》わってきてはいるようです。

「ある意味で、霊は電気的な性質《せいしつ》を持っているらしい」というところは、当たっているかもしれないとは思うものの、それ以外《いがい》の部分には、やや無理《むり》があるのではないかと思います。

幽霊から電話がかかってくるといっても、どこからかけているのでしょうか。どこの携帯電話、どこの公衆《こうしゅう》電話から番号を押《お》してかけているのか、発信源《はっしんげん》について疑問《ぎもん》がないわけではありませんし、幽霊が番号を覚《おぼ》えているのかというところも気になります。それが、携帯電話の画面に、「誰《だれ》それさんからの通知」という感じで表示《ひょうじ》されるところまで行くのか、やはり疑問がないわけではないのです。

確《たし》かに、話としてはそのほうがよいのでしょうから、「あの世も機械《きかい》化しているのかな」と思うこともあるのですが、私はそういう〝機械化した霊界《れいかい》〟をまだ視《み》たことがありません。

もしかしたら、コンピュータばかりを扱《あつか》っている会社あたりの不成仏《ふじょうぶつ》霊を視たら、機械のようなものを持っているかもしれないので、完全《かんぜん》には否定《ひてい》できません。そういった仕事を何十年もしていた人たちが不成仏でいた場合、機械を持っているかもしれないので、否定はできないでしょう。

ただ、普通《ふつう》は、機械類《るい》など、この世のいろいろなものを使えなくなってくることが多いですし、理解《りかい》できないことも多いのです。

そういう意味では、〝電車に乗っていられる幽霊〟というのも、それ自体、偉《えら》いわけです。電車は時速何十キロかで動いているので、座《すわ》っていたとしても、

「電車だけが出発して、自分は線路の上に立っている」ということが、実際《じっさい》には起きてしまうと思われます。

したがって、〝電車と共《とも》に移動《いどう》する幽霊〟というのは、かなりの速度で空中を飛《と》んでいるはずです。電車のなかに座っていられるというのは、けっこう大変《たいへん》なのです。それは、いちおう放り出されないだけの認識力《にんしきりょく》を、何か持っているのだろうとは思います。

体を横回転させて「金縛《かなしば》り」を外した経験《けいけん》

みなさんのなかには、いろいろなかたちで「霊界体験《たいけん》」や「幽霊体験」をした人もいると思うのですが、私も、実際に経験《けいけん》したことをさまざまな著書《ちょしょ》に書いています。

幸福の科学の映画に出てくることもありますが、当時、私の生家には離《はな》れがありました。そこは昔、父が若《わか》いころに工場をやっていた場所であり、潰《つぶ》れたあと、一階部分は廃屋《はいおく》になっていたので怖《こわ》いものではありましたが、私はその二階を勉強部屋にしていたのです。

夜はそこに行って勉強をしていたわけですが、実に怖い所でした。真っ暗なので、電気をつけて入っていかなければなりません。懐中電灯《かいちゅうでんとう》を持って入っていくので、子供《こども》にとっては、肝試《きもだめ》しが毎日あるような状態《じょうたい》ではあったのです。

ある日、休日だったかと思いますが、夕方にそこで眠《ねむ》っているときに、胸《むね》の上を押されるような、いわゆる金縛《かなしば》りに近い状態を経験して動けなくなったことがありました。黒い両手がはっきりと見えて、胸の上を押してくるのです。黒い顔らしきものがあって、下半身のほうはよく見えませんでした。押してくるので、動こうとしても体が動かないわけです。

そのときに、「体を右側《みぎがわ》に回転して、布団《ふとん》から転げ出る」ということをしたら、ようやく金縛りが外れたのです。それで外し方を覚えました。

その後、そういう経験はあまりありませんが、普通は、本当に息ができなくなって、体が動かない状態になると思います。

もし金縛りに遭《あ》ったら動けないと思いますので、どうか体を回転させて、ベッドから転げ出る練習をしてみてください。床《ゆか》の上に落ちるかもしれませんが、この方法《ほうほう》はわりに使えると思います。

幽霊は横回転に弱いようです。金縛り状態では、縦《たて》には起き上がれないので体が動きませんけれども、幽霊は、横に回転する動きを止める方法をあまり知らないような感じがします。

地球の地表より下に広がる霊界《れいかい》を探検《たんけん》した経験

もう一つ、よく覚えているのは、小学校五年生ぐらいの出来事です。

川島《かわしま》神社の秋祭りのときには、町内の人はだいたい氏子《うじこ》なので、小学生あたりが法被《はっぴ》のようなものを着て、頭に鉢巻《はちま》きをし、お神輿《みこし》を担《かつ》いでいろいろな所を回っていきます。ハロウィンのようですが、お賽銭《さいせん》をもらいながら回っていくのです。それをしたことがあります。

ただ、実際にくたびれますし、暑かったこともあると思うのですが、その日、私は高熱《こうねつ》を出してしまったのです。

神社の神輿を担いだので、今にして思えば、何か霊的《れいてき》なものがかかってきたのでしょうけれども、当時は分かりませんでした。謎《なぞ》の発熱をして、三十九度台、四十度近い熱が出たわけですが、水枕《みずまくら》で冷《ひ》やし、さらに天井《てんじょう》からも何かで冷やして寝込《ねこ》んでいたのを覚えています。

そのときに、地球のなかに吸《す》い込まれていくような感じになりました。地球のなかにトンネルのような穴《あな》があって、地球の中心までグーッと吸い込まれていくという経験をしたのですが、降《お》りていく途中《とちゅう》、その深さによっていろいろな世界が見えたのです。

そして、地球の中心まで来たのですが、帰れませんでした。中心まで来てしまい、「これはマグマじゃないか。大変だ」と思って帰ろうとするものの、なかなか帰れないのです。

「もしかしたら、反対側なら出られるのではないか」と、地球の反対側のほうに向かって移動しようと思ったところ、本当に地球の裏《うら》側、反対側から飛び出し、それで戻《もど》ってくることができたのです。そういう経験をしたことがあります。

もう五十二、三年前のことになるのですが、いまだに覚えています。そうとう明確《めいかく》で明瞭《めいりょう》なカラーのビジョンで、記憶《きおく》に残《のこ》るものです。夢《ゆめ》とは思えないぐらいの、はっきりとしたものでした。

これは「霊界《れいかい》体験」、「霊界探検《たんけん》」でしょう。おそらく、地球の地表より下の部分に、地獄界中心《じごくかい》の霊界が広がっているのだろうと思います。マグマに当たるところまで見てきたので、あれが、いわゆる「灼熱地獄《しゃくねつじごく》」や「焦熱地獄《しょうねつじごく》」などといわれるものの正体かもしれません。

そうしたマグマ帯《たい》の所にも何か霊界があって、熱で苦しめられている人たちがいるのではないかと思います。それは、たいていの場合、激《はげ》しい怒《いか》り等にさいなまれるような人たちでしょう。

私自身には、そういう所にも行ってみた経験があります。

霊的《れいてき》に磁場《じば》が非常《ひじょう》に強い「霊場《れいじょう》」とはどのような所か

同じように、実はこの地球上にも、物質的には見えない「霊場《れいじょう》」のような所があちこちにあるのです。「パワースポット」という言い方をすることもありますが、それはやや簡易《かんい》な意味で言っているのではないでしょうか。女子学生などが好《す》きな場所かとは思います。

もちろん、パワースポットには違《ちが》いないのですけれども、霊的に磁場《じば》が非常《ひじょう》に強い所はあるわけです。そういう所には特殊《とくしゅ》な霊場があって、霊界が存在《そんざい》する場合が多いのです。

例えば、信仰《しんこう》を集めている山など、昔から修験者《しゅげんじゃ》等がよく修行《しゅぎょう》をしている所には、やはり霊場のようなものが霊界にもあります。

富士山《ふじさん》のように、信仰を集めている所もそうです。この世的に見れば富士山の内部や裾野《すその》のあたりにも、そうした霊場はかなりあります。それから、阿蘇山《あそさん》のあたりにもありますし、徳島《とくしま》にもそういう霊場はあります。

要《よう》するに、信仰心が強かったり、何か霊的な大きな遺跡物《いせきぶつ》があったりするような所には、霊場がよくあるわけです。そして、そういうパワースポットが、ほかの所とつながっている場合もけっこうあります。

特によく言われるのは、「シャンバラ」という所です。普通はチベットあたりに入り口があると言われています。ヒマラヤの山のなかにシャンバラという霊場があり、ヨガ行者《ぎょうじゃ》や仙人《せんにん》たちが修行をしているそうです。

これは、神智学系統《しんちがくけいとう》でよく言われていることです。おそらく、インドで修行をしているような人や中国の仙人系統の人などは、経験したことがあるのではないかと思います。実際に、霊的な磁場としてはあります。地球でいちばん高い山のなかに、そういう修行の磁場があるのです。

たいていの場合は死んでから後《のち》にそこで修行をしている人もいれば、生きている間にヨガをしたり仙人修行をしたりしている人が、魂《たましい》だけでそこへ行って修行をしているようなケースもよくあります。

トレーニングの内容《ないよう》はさまざまですが、みな、「霊的にもっと目覚《めざ》めたい」という気持ちを持って修行をしていることが多いようです。いわゆる「マスター」

といわれる人たち、霊的な指導者《しどうしゃ》は、ある程度《ていど》の数がいます。

それから、「マスター」と呼《よ》ばれずに「アバター」と呼ばれている方もいて、こちらはもう少し偉いことが多いのです。

「アバター」というのは、通常は、霊界での特殊な秘密《ひみつ》修行等を指導するための大導師《だいどうし》ではあるのですが、ときどきは、つまり、数千年に一回ぐらいは地上に生まれてきて、救世主《きゅうせいしゅ》となったり、大きな、霊的な変革《へんかく》を起こすような仕事をされたりすることもあります。

こういったクラスの方のなかには、そういう所で修行や指導をしている人もいるのです。また、そういう所にいないで、いわゆる霊界の天上界《てんじょうかい》といわれる高い所に住んでいる方もいますが、「トレーニングをするような場所もある」ということです。

そうした霊界のトレーニングセンターのような所でトレーニングをしている人

は、私が視てきたかぎりでも数千人ぐらいはいました。

4 天狗《てんぐ》・仙人《せんにん》・妖怪《ようかい》・妖狐《ようこ》の世界

フォースを身につけようとして道を外れていく人もいる

さて、そこでトレーニングをして霊的覚醒《れいてきかくせい》を得《え》て、いわゆるフォースを身につけたいと思ってやっている人たちもたくさんいるのですが、このなかで、道をちょっと外れていく方々もいます。

霊的能力《のうりょく》でもって、ある意味での自己実現《じこじつげん》をしようとしているわけですが、そういう人が本筋《ほんすじ》ではない世界に入ってしまうところがあるのです。

要《よう》するに、霊的なものの影響力《えいきょうりょく》や神秘力《しんぴりょく》、あるいは奇跡《きせき》といったものに、あまりこだわりすぎて、「人間としての正しい生き方」や「あの世に還《かえ》ってからの霊的な正しい生き方」等を探究《たんきゅう》せず、あるいは、地上に生きている人たちを正しく導《みちび》くことなどを仕事とするのが天使や菩薩《ぼさつ》たちの本道であるにもかかわらず、そちらのほうよりも、自分が持つ「特殊《とくしゅ》能力」のようなものに関心《かんしん》を持つ人たちが多いということです。

例《たと》えば、アメリカ映画《えいが》で「ドクター・ストレンジ」というものもありましたが、それと少し似《に》ているようなところはありました。映画では光のリングのようなものをつくって戦《たたか》ったりしていましたが、そういう「フォース系《けい》の力」を使っている場合もあります。

しかし、「本当の意味での霊的な悟《さと》りと同じかどうか」というと、若干《じゃっかん》、疑問《ぎもん》はないわけではありません。

天使、大天使たち、あるいは菩薩、如来《にょらい》たちにも、神秘力を持っている人はたくさんいます。ただ、そちらが中心の人もいますが、やはり、きちんと「教え」などで人を導く人が王道系ではあるのです。そういう人と、〝目にものを見せるようなかたち〟での神秘力を与《あた》える者もいるということです。

このあたりで霊的修行《しゅぎょう》をしていて、王道系の菩薩・天使系のほうの枠《わく》に入り切らなかった方々のなかには、いわゆる「天上界《てんじょうかい》」と「地獄界《じごくかい》」とは少し別《べつ》の世界を一部のところでつくっている方がいます。

こういう世界のなかには、「天狗《てんぐ》界」「仙人《せんにん》界」、あるいは「妖怪《ようかい》」といってもよいのでしょうか、そういう方々がいる世界もあります。

完全《かんぜん》な悪魔《あくま》かといえば、そこまでは行かないのですが、「自我力《じがりき》を極《きわ》めて、霊能力を高めることで自己実現して、世の中をあっと言わせたい。他人《ひと》から尊敬《そんけい》されたい」とか、「この世ではない力によって、自分の敵《てき》を排除《はいじょ》しようとして努力《どりょく》している」とか、そういった人たちが多いのです。

「天狗」は念《ねん》が強くて急成長《きゅうせいちょう》もするが、高転《たかころ》びもする

日本には「天狗」もとても多く、それは山岳《さんがく》修行も関係はあるのではないかとは思いますが、そうしたフォース的な霊能力を使う人もたくさんいます。

こういった者は、たまにはよいこともするのですが、どちらかというと、自分サイドのほうの思い、利己《りこ》の思いが強いので、なかなか、よいことばかりではありません。「天狗のいたずら好《ず》き」とも言われますし、高転《たかころ》びもします。

要するに、非常《ひじょう》に念《ねん》が強いので、会社でも急成長《きゅうせいちょう》したり、政治家《せいじか》でもすごく偉《えら》くなったりと、一時期グーッと上がっていくような場合もありますが、高転びしてコロンと転んでしまうのです。

武士《ぶし》で言えば、平家《へいけ》などには天狗が多かったと思います。

平清盛《たいらのきよもり》も、一代で急に天下人《てんかびと》のようになって、「平氏《へいし》にあらずんば人にあらず」

という感じだったでしょうけれども、あっという間に滅《ほろ》んでいっているのを見れば、典型《てんけい》的な天狗パターンでしょう。急成長はするけれども、根本《こんぽん》に「堅実《けんじつ》な愛《あい》」がないので、そのようになるのかなとは思います。

「妖怪」は人を脅《おど》したり、怖《こわ》がらせたりするのが得意《とくい》

また、「妖怪」の世界もアニメやマンガでも描《えが》かれていますが、霊界《れいかい》は「創造《そうぞう》の世界」、つまり「つくり出す世界」なので、生命のエネルギー体を使って、いろいろな生命体が存在《そんざい》できる世界ではあるのです。

そのため、人間が思いつくようなものはだいたい存在することができますし、今の世界には生きていない古代の生き物、地上から滅び去ったものもたくさんいます。

そういったなかに妖怪のようなものもいますが、これは、「人を脅《おど》したり、怖《こわ》

がらせたりすること」を得意《とくい》にしているところがあるのです。

仏法真理《ぶっぽうしんり》を説《と》くほどの内容《ないよう》はないけれども、「あやかしの力」を使えるので、そういったことを訓練《くんれん》している人もいます。「化《ば》ける練習」などをよくやっているので、もしかしたら、これは遠い遠い昔からの因縁《いんねん》で、練習を続《つづ》けているうちにそのようになっているのかもしれません。

日本では「狸《たぬき》」と「狐《きつね》」が両輪《りょうりん》ですが、数としては圧倒《あっとう》的に「狐」が多く、代表格《かく》です。もちろん、それ以外《いがい》の妖怪もたくさんいます。

そういったものたちは、「変化身《へんげしん》」を持っていて変化《へんか》ができるのです。

特に、人霊として人間で生まれたことがあった者でも、動物にたとえるとするならばこの動物に似ていると言える人はいるでしょう。

こういうものは「魂《たましい》のきょうだい」等として説明《せつめい》されていることも多いのですが、日本神道《しんとう》的には、変化身のなかに「動物に変化《へんげ》したとしたら何になるか」

という「動物の変化身」のようなものを持っていることもあります。

例えば、虎《とら》のようなものに変身するとか、大蛇《だいじゃ》あるいは龍《りゅう》のようなものに変身するとか、大きな鳥のようなものに変身するとか、そういう変化身を持っていることが多いのです。

霊界であれば、「変化《へんげ》する能力」を身につけていれば、変身することができることはできます。その力を使って、霊界の普通《ふつう》の世界で生きている人たちを脅したりすることもあって、喜《よろこ》んでいるような人もいるのです。

少し幼稚《ようち》な部分も残《のこ》っているのですが、こういう人は、技術《ぎじゅつ》的に、職人《しょくにん》的に根《こん》を詰《つ》めてやるようなタイプの方等に多く、職人肌《はだ》の方のなかには、そういう人もいることはいます。

「仙人」は能力《のうりょく》はあるが、人付《ひとづ》き合いが悪くなりやすい

また、「仙人」というものもいます。

仙人になると、妖怪ほど無意味《むいみ》ではないかもしれませんが、天狗とは少し違《ちが》います。

これはたいてい、修行僧《そう》というか、宗教《しゅうきょう》修行をしたものの、肉体行《ぎょう》に入るなどして、やや修行的に逸《そ》れてしまった人が多いのです。仙人的パワーについては、みな持っていますし、インドの修行者などは、みな仙人といわれてはいるので、必《かなら》ずしも全部が悪い意味ではありません。

ただ、王道系の修行のほうにまで届《とど》かなかった場合には、どちらかというと、人付《ひとづ》き合いが悪い感じになりやすいのです。「特殊な能力《のうりょく》を持っていたり、この世的に見れば、技術者とか専門《せんもん》職とかで非常に突出《とっしゅつ》した能力を持っていたりする

けれども、人付き合いが悪い」というようなタイプで生まれてくることは多いのです。

混乱期《こんらんき》にイノベーション用として解《と》き放たれる天狗・仙人・妖怪

このあたりの、天狗、妖怪、仙人たちの世界はありますが、「外から見える姿《すがた》が実体かどうか」は、やや分かりにくいのです。さまざまな変化《へんか》を起こすので分かりにくく、この世に出てきていたずらをすることもありますし、あの世の天上界で混乱《こんらん》を起こすこともあれば、地獄界へ行っていろいろなことを起こす場合もあります。

そして、ときどきは世の中の変化を起こさなければいけないので、「時代の変化」を起こすときには、こちらのほうの扉《とびら》も開かれて、天狗、仙人、妖怪の世界からも、この世に生まれることができる場合があります。全員が全員ではありませんが、そういう混乱期などには出てきやすいのです。

例えば、戦国《せんごく》時代など、時代が変《か》わるときには出やすくはあります。いろいろなものが出てこないと時代が変わらないので、イノベーション用として解《と》き放たれることはよくあるのです。

戦国武将《ぶしょう》のなかには、光の天使のような人もいれば、天狗的な人もいます。あるいは、生きているうちに同通して地獄の悪魔のようになり、死んでからもそちらの世界へ行くという人もいるので、「さまざまな世界から来た人たちが、この地上で覇《は》を競《きそ》っている」といったことは現実にあることなのです。

天狗系《けい》、仙人系、妖怪系の違《ちが》いについて

例えば、二〇二〇年の大河《たいが》ドラマは、明智光秀《あけちみつひで》が主人公の「麒麟《きりん》がくる」ですが、明智光秀自身は、少し信仰心《しんこうしん》のある方ではあったようです。

ただ、今の岐阜《ぎふ》に当たるところの斎藤道三《さいとうどうさん》などは、『国盗《くにと》り物語』の主人公でもありますが、天狗でしょう。一般的《いっぱん》に言って天狗です。

確《たし》かに、そういう方もいます。現代の政治家などにも多いだろうと思いますし、会社でも、急成長するところには天狗系《けい》の人はわりあい多いのです。

もう少しテクニックの必要《ひつよう》な「技術系」になってくると、不思議《ふしぎ》なことですが、今であれば、どんどん進化しているハイテクの世界には、仙人もかなり出ていると思われます。

実は、彼らが目指しているのは、「霊界でできるさまざまな技術を、この世のものを使って何かできないか」ということなのです。そういったことを研究してやっていることが多いのではないかと思います。

発明家のような人でも、ちょっと奇人・変人系の人などには仙人が多くて、よい仕事をしているはずなのになかなか認《みと》められず、不調和を起こすような方もなかには出てきます。

ただ、やはり、一定の数は必要なところもあると思うのです。

「勢力《せいりょく》を拡張《かくちょう》するのに非常に熱心《ねっしん》な人」「偉くなりたいということに執着《しゅうちゃく》する人」には、どちらかというと天狗系が多く、「優《すぐ》れた技術のようなものにすごく陶酔《とうすい》するタイプの人」には、どちらかというと仙人系が多いかと思います。

それから、妖怪系の人は、どちらかというと、見つかって正体がバレることを非常に嫌《いや》がる気《け》があるため、「二重性を持つ人」が多いのです。外に見えている面と、本人の本心や隠《かく》れてやっている行動等に違《ちが》いがある場合が多いという気がします。

こういう人たちは、天国にも、この世の地上界にへばりついている霊界にも、地獄界にも、行ったり来たりできる力をけっこう持っています。

このあたりが大事なところです。

歓楽街《かんらくがい》等に影響《えいきょう》を与《あた》える「妖狐系《ようこけい》」や「蛇系《へびけい》」の霊《れい》

また、日本などで特に多いのは、霊体的《れいたいてき》には「狐霊体《きつねれいたい》」と思われるようなものです。

日本全国で稲荷《いなり》神社があまりに多く、信仰が集まっていますが、信仰が集まると一定の霊力になることが多いのです。現世利益《げんせりやく》が度を過《す》ぎると、そちらのほうに願《ねが》いが行きすぎるので、ある程度《ていど》の霊力を持っています。

稲荷信仰は日本にはすごく多いので、さまざまな神様を名乗って出るお稲荷さんというか、「狐系統《けいとう》」、「妖狐《ようこ》系統」のものはけっこういます。巷《ちまた》の霊能者や占《うらな》い師《し》、小さな宗教をやっている教祖《きょうそ》等には、わりあい多いのではないかと思います。

こういったものは、ある程度、ちょっとした奇跡を起こしてくれることもあるのですが、長い目で見て、よいかどうかは分かりません。

それから、「狐系」のほかに「蛇《へび》系」もいるのですが、「色情《しきじょう》系」につながることがやや多いので、あまり関係すると、畜生道《ちくしょうどう》から色情地獄系のほうに追い込《こ》まれるというか、堕《お》とされていくことが多いのです。

騙《だま》されると、そうなる傾向《けいこう》は強いので、あまり長く付き合うべきではなかろうと思います。

ただ、水商売系の人などには、お稲荷さんに祈《き》願《がん》をしたり、お参《まい》りしたりしている人はわりあい多く、実際《じっさい》、そういうものは客をつかまえてくるのです。

今も、いろいろな歓楽街《かんらくがい》等がたくさんあると思うのですけれども、その入り口あたりに霊的には来て、客をつかまえて店まで連《つ》れていくような仕事をけっこうやっています。呼《よ》び込みの人以外に、そちらの〝霊体《れいたい》〟のほうで、けっこう来ています。

サラリーマンたちは、そういうところに多く出入《でい》りしているので、影響《えいきょう》は受けているのだろうと思いますが、普通はそう長いものではなく、せいぜい「一泊《ぱく》二日」ぐらいしか滞在《たいざい》しないことが多いことは多いのです。

酒を飲んで遊びに行き、霊を家に持って帰り、翌日《よくじつ》、会社に出ていって、ほかの人に取り憑《つ》けて、それでいなくなるような感じです。しかし、霊を憑けられた人のほうは、今度はまた、そちらのほうが引っ張《ぱ》られて、どこかへ行くような感じでしょうか。そのくらいの付き合いが多いのですけれども、あまりよく行きすぎると、霊にドンッと居座《いすわ》られるようなこともあります。

ただ、プラスの面としては、何か妙《みょう》に霊感が強くなって、いろいろなことがピタピタッと当たったり、見破《みやぶ》れたりするようなことがあるので、全部がマイナスとは言えない面はあると思います。

銀座辺《ぎんざへん》や新橋《しんばし》辺等のお酒を飲ませるところでは、会社の重役などが部下等を連れていき、「どちらのほうが偉くなると思うか」などと訊《き》いて、〝人物実検《じっけん》〟をしたりすることもよくあると聞いていますが、意外によく分かる場合もあるそうです。

占《うらな》い師《し》に見てもらうと、両生類《りょうせいるい》と接触《せっしょく》したような感触が残《のこ》ることが多い

それから、占《うらな》い師《し》も多いのですが、手相見や八卦見《はっけみ》の類《たぐい》がよくあるので、若《わか》いころに何カ所か冷《ひ》やかしたことはあります。すでに霊的な能力を持ったあと、手相見系や姓名判断《せいめいはんだん》をやっているところに幾《いく》つか行ったのですが、そういうところの人を見ると、確かに、「多少、霊感があるんだな」ということが分かります。何かついているものが、いることはいるのです。

ただ、見てもらったあとの感じは、どちらかというと、何か両生類《りょうせいるい》のようなものに接触《せっしょく》したような感じでしょうか。カエルなどの類、粘液質《ねんえきしつ》の皮膚《ひふ》を持ってい

るものに接触したような感触が残《のこ》ることが多いのです。やや陰性《いんせい》で粘着力があるものに接触したような感じであり、ほかの世界では会わないタイプの人たちが多いような気がします。

もしかすると、西洋系の占いでは、いわゆる「ウィッチ系」というか、「魔女系」のもので、ついているものもいるかもしれません。私は経験《けいけん》が少し足りませんけれども、そういうものはいるかもしれません。

それ以外に、単《たん》なる詐欺師《さぎし》もいることはいますが、仕事として占いをやっているような人の場合には、たいてい、霊感を与《あた》えているものが何か存在はしています。

ただ、その正体は、若干《じゃっかん》分かりかねるのです。ついているものは仙人のように思っているかもしれませんが、私が、ベッタリくる粘着質の感じを受けるのを見ると、両生類に近い、「仙人」と「妖怪」の間ぐらいの感じでしょうか。そのあたりの、人里を離《はな》れ、隠れて棲《す》んでいるような世界から通じているものが、何かいるのではないかと思います。

5　霊的《れいてき》になるほど必要《ひつよう》な「心の修行《しゅぎょう》」

この世で修行が足りないと、あの世で〝追試《ついし》〟を受けることもある

いろいろな話をしましたが、結局《けっきょく》、人体に宿っているときには誰《だれ》もが「人間型《がた》」で生きていますし、なかに入っている魂《たましい》も「人間型」をしています。そして、人間としての個性《こせい》を何十年か持って生き、死んだあとは、普通《ふつう》、その名前と姿《すがた》、男女の性別《せいべつ》で、次に転生《てんしょう》するまではあの世で生活することが多いのです。

ただ、魂的に過去《かこ》からいろいろと特殊《とくしゅ》な経験《けいけん》をしてきたような人については、

死んでしばらくすると、〝本来の姿〞に変《か》わっていく場合も多いということです。

また、「天使系《けい》」の方だと、あの世でも何段階《だんかい》かの試験《しけん》を受け、イニシエーション（秘儀《ひぎ》）を受けないと、上に上がっていけないことが多いのです。

そういう人の場合、生きていたときに人助け等が足りなかったら、この世で困《こま》っている人たちを助けたりするような仕事を、あの世に還《かえ》ってからも多少行います。ちょっとした指導霊《しどうれい》・支援《しえん》霊のかたちで、この世の人を助けたりして徳《とく》を積《つ》まないと、上に上がっていくチャンスは得《え》られないことになります。

だから、世の中の役に立っているような人の霊的導《みちび》きをしたり、まだ使命が残《のこ》っている人に対して、病気から助けてあげたり、事故《じこ》からもう少しのところで救《すく》ってあげたりしている人もいます。

天使や菩薩《ぼさつ》になっていくために、この世で修行《しゅぎょう》が足りなかった人などが、それを補完《ほかん》する意味で、〝追試〞としてそういうことをやっていることは、わりあい多いのです。

もちろん、本物の天使・菩薩たちが、この世で非常《ひじょう》に大事な使命を持っている人を護《まも》るために、出てきて助けることも当然《とうぜん》あります。

人間は、病気を「消すこと」も「つくること」もできる

それから、病気等をつくり出すこともできます。人間は生命エネルギーそのものなので、その生命エネルギーの一部を病巣《びょうそう》に変えて病気をつくることさえ、できることはできます。病気を「消すこと」もできますが、「つくること」もできるのです。

例《たと》えば、ある人に対して、呪《のろ》いの念波《ねんぱ》のようなものがたくさん集まっていると、すなわち、生霊《いきりょう》が取り憑《つ》いたり、呪いの念波がよく来ている状態《じょうたい》が恒常化《こうじょう》して、いつも来ているようになったりすると、それに同通するものがやって来て、力を

貸《か》すことがあります。そうすると体のなかに病変《びょうへん》ができてくることもあるのです。そんなに時間はかかりません。一日もかからずに、そういう病変をつくり出すことはできます。

ただ、それは、正しい信仰《しんこう》を持ち、正しい指導霊等につながることによって、逆《ぎゃく》に消すこともできます。

二〇二〇年に入って、ニュースでは、中国のコロナウィルスについてもやっていますが、コロナウィルスの小さな小さな球《きゅう》になっているものを見ると、それがあのような病変を新しくつくっているというのが、私には分かってしまいます。新しい病気をつくっていることが分かるのです。

一定の意識《いしき》を持ってつくっているものもあるのですが、その神意については、いろいろな場合があるので、一概《いちがい》には言えないところはあります。

霊的になるほど、より謙虚《けんきょ》に誠実《せいじつ》に正直に努力《どりょく》することが必要

ですから、霊的になったとしても、「指導しているものが何か」によって向かう方向は違《ちが》うので、気をつけなければいけません。

特に、私は強力な〝磁石《じしゃく》〟ですので、私の本を読んだり、私の講演《こうえん》を聴《き》いたり、私とよく接触《せっしょく》していたり、私の近くにいたりすると、〝磁石〟の影響《えいきょう》を受けて自分も〝磁石化〟してくる人が多いと思うのです。

その間に、霊感が強くなったり、何かを霊的に感じ取ったり、他人《ひと》の心が読めたりするようなことが出てきます。

そして、霊道《れいどう》を半《なか》ば開《ひら》いたような状態になることは多いのですけれども、そういうときに、特に気をつけていただきたいのは次のようなことです。

そこで「自分は偉《えら》いのだ」と思いすぎたり、過去世《ぜ》の名前等に執着《しゅうちゃく》しすぎたり

すると、隙《すき》ができてきます。ある程度《ていど》のところまで霊道を開いてきて、そこから「光の天使系のほうに行くか」と思ったら行かないで、「邪悪《じゃあく》なものに入られる」という傾向《けいこう》が強いのですが、これを止めるのはなかなか難《むずか》しいのです。

霊道がかなり開いてきていると、要《よう》するに〝窓が開《あ》いている〟状態なのです。玄関《げんかん》のドアはまだ閉《し》まっているけれども、窓が開けてあるので、入ってくることができる状態になっているわけです。自分でこの窓の開け閉めが自由にできないかぎり、霊は入ってくることができます。

この地上を徘徊《はいかい》しているものには悪いものがとても多く、その悪いものが取り憑いている場合もあるし、悪い想念をたくさん発信している人間も多いのです。

ですから、〝心の窓〟が開《ひら》いてきて、霊道に近いものが出てきていると見たら、やはり、正しい修行に入ることが大事ですし、「真面目《まじめ》であること」「コツコツと努力《どりょく》すること」「謙虚《けんきょ》であること」「正直であること」等は、非常に大事です。

そして、「狐《きつね》」「狸《たぬき》」「蛇《へび》」、それ以外《いがい》にもあるかもしれませんが、そういう動物にたとえられるような性質《せいしつ》を、なるべく自分から排除《はいじょ》していったほうがいいでしょう。

それは、「他人に対する怒《いか》りや憎《にく》しみ」「他人を排斥《はいせき》する気持ちや騙《だま》す気持ち」であり、「他人をたぶらかそうとしたり、他人からお金を巻《ま》き上げようと思ったりする考え」です。あるいは、「もう自分は偉いんだ、偉いんだと思い、自分をすごく持ち上げたくなる気持ち」「他人の失敗《しっぱい》や没落《ぼつらく》を願《ねが》ったりする気持ち」などです。

こういうものが出て、霊的な能力《のうりょく》も出てくると、これに反応《はんのう》するものが来るので、自分自身が滅《ほろ》びに至《いた》ったり、自分がそう思っている人に悪い現象《げんしょう》が数多く起きてきたりすることがあります。

ですから、霊的に、自覚《じかく》が進んだり感覚が進んできたりしたら、より謙虚に、より誠実《せいじつ》に、正直に努力すること、人間として真っ当になるという努力が必要《ひつよう》だと思います。

霊的に感応《かんのう》しやすくても、道徳律《どうとくりつ》や常識《じょうしき》による正邪《せいじゃ》の判断《はんだん》は必要《ひつよう》

最初《さいしょ》にも話をしたように、この世の学問をやりすぎると、普通は霊感が鈍《にぶ》くなり、霊的なものを信じなくなって、無神論《むしんろん》・唯物論《ゆいぶつろん》のもとになる人が大勢《おおぜい》できてくる傾向があるため、危険《きけん》ではあります。

逆に、伝統《でんとう》的な新宗教《しんしゅうきょう》等の教祖《きょうそ》には、勉強をしていないタイプの人がとても多いのです。ですから、正邪《せいじゃ》が分からず、「この世でやっていいことと悪いこと」の区別が十分につかないタイプの人も多くいます。

最初は心が純粋《じゅんすい》で、霊的に感応《かんのう》しやすくても、ある程度、組織運営《そしきうんえい》等を行い、他人に影響を与《あた》える立場になってきたら、やはり、この世的には、「法律《ほうりつ》的、あ

るいは道徳的《どうとく》に、やっていいことと悪いこと」等を勉強したりして、それを認識《にんしき》し、分別《ふんべつ》し、判断《はんだん》する努力が必要《ひつよう》です。

だから、鏡《かがみ》に映《うつ》すように見たら、自分自身が曲がっていないか、おかしくなっていないか。また、〝果実《かじつ》〟で判断するならば、自分のやっていることが、人を狂《くる》わせたり、迷《まよ》わせたり、不幸《ふこう》にしたりしていないか。やはり、それを振《ふ》り返ることが大事なのです。

インスピレーションを受ける体質になり、例えば、「小説《しょうせつ》がいくらでも書ける」と思っても、殺人事件《さつじんじけん》ばかりを書いていたら、死後、悪いところへ行きます。

そちらのほうの、刑務所《けいむしょ》等で死刑になった人の霊ばかりが来て、「こういう手口で殺《ころ》したんだ」というようなインスピレーションを与えられ、「ああ、そんな殺し方があるのか。これは新しい殺し方だな」と思って面白《おもしろ》く書いているつもりでいても、これはお金は儲《もう》かっても、そのあといいことはありません。悪いところに行きます。

そのため、他人の心が読めるとか、感じられることばかりを誇《ほこ》るのではなく、「自分の心もガラス張《ば》りだ」と思って、よりいっそう心を清《きよ》らかにしていく必要があると思うのです。

知識だけで重くなりすぎても、鎧《よろい》のようになって感じなくなるからいけないのですが、物事の正邪を判定する意味での道徳律や常識《じょうしき》は、ある程度、知っておいたほうがいいとは思います。

逆に、この世的なもので、いろいろなものに精通《せいつう》して知識が豊富《ほうふ》な方、仕事ができる方の場合には、透明《とうめい》な心も持つ必要はあります。「ポエムが分かる」という感じでしょうか。ポエムが分かるような、純粋な心を持っていないといけないのではないかと思います。

絶《た》えずお酒を飲んで人と話したり、競馬《けいば》・競輪《けいりん》、マージャン、パチンコ、その他の賭博《とばく》系をしたり、非行、不良《ふりょう》の人たちと付《つ》き合っていたりして、霊域《れいいき》として悪い所にあまり出入《でい》りしたりしていたら、やはり、そちらのほうに同通していきます。

したがって、できるだけそういうものを祓《はら》って近寄《ちかよ》らないに限《かぎ》ります。そういうものに近寄っていっても、いいことはあまりないと思います。できるだけ近寄らないようにして、生活を正していくことが大事です。

読んだり聞いたり見たりするものについても、できるだけ、あまり悪いものには接しないようにし、いいもののほうに集中していくことが大事だと思います。

6　悪霊《あくりょう》・悪魔《あくま》への対処《たいしょ》の方法《ほうほう》

悪霊に憑《つ》かれている人は私の教えが学べなくなる

本当に悪霊《あくりょう》に憑《つ》かれている状態《じょうたい》になったり、小悪魔《こあくま》に憑かれたりすると、次のようなことも起こります。

悪魔にも段階《だんかい》がありますが、家庭や会社を崩壊《ほうかい》させるぐらいだったら、小悪魔レベル、小さな魔王レベルでできます。そういうものがずっと憑いていると、憑かれている人は、だいたい私の本を読めなくなってくると思います。

身の回りの人で「取り憑かれているだろうな」と思う人に、私の本のなかの基《き》本書《ほんしょ》などをあげて「読んでごらん」と言っても、その人はたぶん活字を読めないと思うのです。それも数多く見てきました。

読もうとすると、字が視野《しや》には入るのですが、読んでも意味が頭に入ってこないわけです。弾《はじ》いてしまって入ってこないので、読んでも分からないのです。

私の講演《こうえん》テープ等もありますし、今だとCDやDVDもありますけれども、それをかけて五分もすると、憑いている霊《れい》がいられなくなって逃《に》げ出すか、本人が本当に寝込《ねこ》んでしまうケースもあります。

以前《いぜん》も述《の》べたことがあるのですが、商社時代に犬神《いぬがみ》が憑いている人がいました。しかし、犬神が二十数匹《ひき》も憑いていた人に対し、私も当時は新入社員で、背広《せびろ》にネクタイの身では、残念《ざんねん》ながら、それを取り除《のぞ》くことはできなかったのです。

その人は会社のなかでは嫌《きら》われている人でしたけれども、若《わか》いころ、初《はじ》めは「優秀《ゆうしゅう》」と言われていたようです。しかし、だんだん窓際《まどぎわ》になっていきました。

ただ、その人は、いちおうは霊的なものは分かっていたので、私に「助けてくれ」と言ってきたこともあり、霊言等《れいげん》の音声を聴《き》かせたことがあったのです。

すると、五分ぐらいで目の前で寝始めました。「鼻提灯《はなちょうちん》」とは話では聞いたことがあったのですが、本当に鼻に提灯をつくって五分もしないうちに目の前で寝始めたので、これは、憑いているものが話を聴かせないということです。高級霊たちの霊言等を聴かせようとしても、まったく聴けないのです。

そのように聴けないようにするわけですが、このあたりについて気をつけたらよいと思います。

当会の講演会や映画《えいが》等を観《み》ていても、同じような状況《じょうきょう》が出てくる人はいるでしょう。もちろん、内容《ないよう》に関《かん》する知識《ちしき》がまったくなく、難《むずか》しくて分からないという場合もないわけではありません。子供《こども》だから分からないとか、知識がゼロでさっぱり分からないという場合もあるので、そういうケースも一部あることは認《みと》めざるをえないところはあります。

しかし、そうではなく、当会の映画や講演会、あるいは、そのＣＤやＤＶＤ等を学んでいるときに、声がよく聞こえなくなったり、内容が分からなくなったり、何かが被《かぶ》ってくる感じがしたりするようであれば、「常時《じょうじ》、憑いているものが何かいる」と思わなければいけないわけです。

それは、「心を固《かた》めて戦《たたか》わなければ、あなたが行くところは、ほぼ決まっている」ということです。死後、そうしたものの世界に連《つ》れていかれることになるでしょうし、死ぬまでの間にも、家族も含《ふく》め、身の回りの人々にさまざまな不幸《ふこう》が数多く起きる可能《かのう》性はそうとう強いということです。

「祈《いの》り」や「祈願《きがん》」で対処《たいしょ》しつつ、自分の分限《ぶんげん》を知ること

一時期、幸福の科学の支部《しぶ》では、精神病系統《せいしんびょうけいとう》の人をやたら連れてきてお祓《はら》いをしようとしていたこともあったようです。しかし、相手が強すぎて、支部長のほ

うが撃退《げきたい》されるというか、「これは敵《かな》わない」という状態になることも多かったようなので、私は、あまり無理《むり》をしないように言ったこともありました。

人間の肉体は一軒《けん》の家のようなものです。修繕《しゅうぜん》すれば何とか住めるような家ならよいのですが、柱が朽《く》ち、窓は破《やぶ》れ、壁《かべ》には穴《あな》が開《あ》き、野中《のなか》の破れ宿のように、もはや修繕できないレベルまで精神的に壊《こわ》れてしまっているような人の場合は、残念ながら、肉体に入っているものに完全《かんぜん》に支配されています。本人の霊体《れいたい》のほうは、霊子線《れいしせん》でつながってはいるものの、すでに肉体の外に出されているわけです。そして、支配しているものが勝手に暴《あば》れたりと、いろいろなことをすることがあるのです。

例《たと》えば、家庭のなかで暴れたり、家庭内暴力《ぼうりょく》を振《ふ》るったりするような、もうどうにもならない人もいると思いますが、これは完全に別人格《べつじんかく》になっています。そういう場合は、本人の魂《たましい》のほうは肉体から離《はな》れて漂《ただよ》っていて、ほかの狂暴《きょうぼう》な霊に入られている状態なのです。

それでも救《すく》える場合もあるのですが、そのレベルまで行くと、真理に関することを言ったら、ものすごく怒《おこ》って暴れる傾向《けいこう》が出てきます。物を投げたり割《わ》ったり、場合によっては、包丁《ほうちょう》を持って「殺《ころ》す」などと言ってきたりするようなこともあります。

残念ではあるけれども、その人がそこまで蓄積《ちくせき》したことには理由があるはずなので、一定のレベルを超《こ》えたら、あとは、もはや祈《いの》るぐらいしか方法《ほうほう》がない場合もあるのです。現実《げんじつ》に対処《たいしょ》しようとしても、もっと激《はげ》しく暴れて抵抗《ていこう》することもあるので、祈るか、あとは、やはり、自分よりももう少し徳《とく》が高く、霊的なステージの高い人のところにお願《ねが》いするしかないでしょう。

例えば、「祈願《きがん》」等は遠隔《えんかく》でもある程度効《ていどき》くので、幸福の科学の精舎《しょうじゃ》等へ行って祈願をかけてもらえば、本人は知らなくても、憑いているものを外そうとすることはできます。

そうしたほうが、分かりにくくてよい場合もあるのです。直接《ちょくせつ》やると激しく暴れますし、そういう人は、たいてい、当会の支部や精舎等の玄関《げんかん》をまたげないケースが多いと思います。

そのように、ある程度、霊力との相関関係があるので、やはり、できることとできないことを知り、あるいは、できない部分については分限《ぶんげん》というものを多少知り、自分の修行《しゅぎょう》がもう少し要《い》るということを知ったほうがよいでしょう。

おかしいと思われる宗教《しゅうきょう》や霊現象《れいげんしょう》からは距離《きょり》を取ること

私自身も霊言《れいげん》をしますが、ほかのチャネラーに霊を入れたりする場合もあります。そのとき、チャネラーに修行が足りず、向こうのほうが強ければ、体から出せなくなることもありますので、悪霊や悪魔等が入って出せなくなることがあるので、これが怖《こわ》いわけです。

ですから、霊が入ったり乗り移《うつ》ったりするようなことを、あまり喜《よろこ》びすぎてはいけないと思います。これは、力相応《そうおう》にやらなければいけないところがあります。やはり、「『触《さわ》らぬ神に祟《たた》りなし』という言葉が悪いほうになった」と解釈《かいしゃく》してよい場合もあるのです。

特《とく》に、何か救われたくて、いろいろな宗教《しゅうきょう》や神社仏閣《ぶっかく》等を回ることで、余計《よけい》に悪化する場合もあります。それが正しい宗教ではなかったり、霊能者として〝もっと大きな者〟がすでに憑いていたりすることもあります。大きな悪魔のようなものが憑いているために、そこへ行くと、小悪魔や悪霊レベルのものが、一時期、取れて見える場合もあることはあるわけです。

ただ、全体的に見ておかしいと思うものからは、やはり、距離《きょり》を取ることが大事ではないかと思います。

以上、本章では「宗教の秘密《ひみつ》の世界」について、いろいろなことを述べました。入門的なことも多かったと思いますが、何らかの参考《さんこう》になれば幸いです。

第2章

霊《れい》障《しょう》者《しゃ》の立ち直りについて

ウィルス感染《かんせん》と憑依《ひょうい》の秘密《ひみつ》

1　ウィルス感染《かんせん》や病気の霊的《れいてき》真相

学校等では教わらない「人間として知るべきこと」の一つとは

本章は、基本《きほん》的な話になりますが、宗教《しゅうきょう》に関係《かんけい》する者としては避《さ》けて通れないテーマかと思います。

これは、地上に生きている人間として知らなければいけないことの一つではあります。しかし、教育や学問、科学等のなかでは説《と》かれていないものの一つでもあります。

人間は、肉体に宿って生きているうちに、肉体の外側《そとがわ》にある「霊的《れいてき》な存在《そんざい》」等による作用を受けていて、その作用を受けて自分自身もまた変化《へんか》しています。自分も肉体に入った霊体《れいたい》であり、外側のものの影響《えいきょう》を受けながら、作用・反作用の法則《ほうそく》のなかを生きているのです。

そして、そこに一定の傾向性《けいこう》が出てくると、何かいびつな生き方になってくるので、そのいびつなところに、その傾向性に合ったものが集中して立ち現《あらわ》れてくることがあります。

これは簡単《かんたん》なことなのに、分からない人がいるのはとても残念《ざんねん》です。早いうちから家庭教育や学校教育できちんと教えておけばよいのですが、なかなか教えられず、宗教のほうに来て勉強する人も少ないので、非常《ひじょう》に残念に思っています。

ウィルス感染は、一種《いっしゅ》の憑依現象《ひょういげんしょう》

「霊障《れいしょう》」という言い方をすると難《むずか》しくなるので、簡単に述《の》べましょう。

例《たと》えば、最近《さいきん》の話で言えば、新型《しんがた》コロナウィルスが世界中に広がっています。

感染者《かんせんしゃ》は、本章の説法《せっぽう》を行《おこな》った時点では、数十万人でしたが、百万人を突破《とっぱ》して数百万人に行くのは確実《かくじつ》と見ていました。死者も数十万人か、それ以上《いじょう》に行くと予想していました。

ただ、コロナウィルスに感染しても、普通《ふつう》の体力がある場合には、回復《かいふく》して元に戻《もど》る人もいます。深く感染して肺炎《はいえん》まで起こし、亡《な》くなる人も出てきますが、そのパーセンテージは各国《かっこく》によって違《ちが》いがあるものの、いわゆるインフルエンザに罹《かか》って悪くなるパターンと比《くら》べて、そう大きな違いはないように思います。

そして、幾《いく》つかの体験《たいけん》や経験《けいけん》等を通して見ると、インフルエンザは一種《いっしゅ》の憑依《ひょうい》であることは確実です。

これは寒くなるシーズンに多いことは多いのですが、たいていは、急に寒くなって昆虫類《こんちゅうるい》が大量《たいりょう》に死ぬころに不成仏《ふじょうぶつ》霊が発生しています。こうした虫の類《たぐい》の不成仏霊のようなものが集団《しゅうだん》になってモヤモヤとしていて、地表付近《ふきん》や、野原、木々の間、それから町中《まちなか》まで、フワフワとシャボン玉のように飛《と》んでいるのです。ただ、町中を歩いて見ていても、それが取り憑《つ》く人と取り憑かない人がいます。そうした集合霊のようなものが取り憑いた場合、その人はだんだん宿主《しゅくしゅ》として宿を貸《か》しているような感じになり、体のなかで〝同居《どうきょ》〟するような状態《じょうたい》になってきます。すると、だんだん体が蝕《むしば》まれてきて、体内に広がっていくのです。そして、悪いときには死ぬところまで行くこともあります。

このように、普通に見ると、意志《いし》を持っていないと思われるような小さなものであっても、集合霊として働《はたら》きかけてきて、病気を起こすようなことはあります。

霊的な影響《えいきょう》で、病気や体調不良《ふりょう》が起きることがある

インフルエンザの場合、特《とく》に悪性《あくせい》のものになってくると、細菌《さいきん》、ウィルス等の集合霊のなかに、中心霊として人間霊がいる場合があります。

インフルエンザの場合、たいていは一人ぐらいですが、必《かなら》ずしもインフルエンザで亡くなった人とは限《かぎ》りません。病院で病気のために亡くなった人や、不慮《ふりょ》の原因《げんいん》で亡くなった人等で、迷《まよ》っているような人がいるのです。そして、その人のニーズも死んだウィルスや細菌、虫類の魂《たましい》と同じで、「人に取り憑いて、元に戻りたい」という復活要求《ようきゅう》があります。

こういうものに憑かれている場合、すごく発熱《はつねつ》したり、病院で亡くなる前のその人の症状《しょうじょう》とそっくりの症状が出てきたりしますが、これに打ち勝つことができれば、一週間ほど過《す》ぎるとだんだんに離《はな》れていきます。

もちろん、体力が弱っているために憑依されることもよくあります。

今、述べたことは、おそらくコロナウィルスでもそうでしょう。日本ではこれから増《ふ》えるかもしれないと言われてはいるものの、今のところ、自動車事故《じこ》に比べるとはるかに少ないパーセンテージなので、ウィルスはあちこちにたくさんいるのだろうとは思いますが、「罹る人もいれば、罹らない人もいる」と考えてよいでしょう。

要するに、憑依と同じなので、憑依されないような条件《じょうけん》をつくれば、取り憑こうとしても取り憑けなくなって、弾《はじ》くようになるのです。そのようになってくると思います。

油を塗《ぬ》っておけば水を弾くのと同じでしょうか。そのようになるので、ウィルスがいれば確実に病気になるわけではありません。こうしたものは、年がら年中、いろいろなものがたくさんいるので、そういうものだと思ってください。

霊障には、そうした病気的なものもありますが、それ以外にも休調の不良が起きてくることがあります。

体の特殊《とくしゅ》な部位《ぶい》の調子が悪くなり、医者に行っても、「医学では原因不明です」と言われることがやたらと多いのです。何を訊《き》いても、「原因不明で、まだ分かっていません」と言われることが多く、どうしようもありません。統計学的《とうけいがく》に、「その病気に罹る人に、何か共通《きょうつう》するものはないか」ということを一生懸命《いっしょうけんめい》に調べてくれるのですが、原因は分からないことが多いのです。

こうした、原因が分からないものの多くは、やはり、霊的な影響《えいきょう》でそうなっている場合があります。

死後、畜生道《ちくしょうどう》に堕《お》ちて動物の姿《すがた》になってしまう人たち

この世を去ったあの世の霊界《れいかい》においては、人間以外の動物たちも霊として存在します。

また、現代人《げんだいじん》にとっては非常に理解《りかい》しにくいこととは思いますが、芥川龍之介《あくたがわりゅうのすけ》の小説「杜子春《とししゅん》」に出てくる両親のように、畜生道《ちくしょうどう》に堕《お》ち、牛馬のごとく変身している者もいます。

動物はそれぞれ、いろいろな特色を持っていますが、生前、その人が生きていたときの生き方が、ある動物の特色に似《に》た性質《せいしつ》あるいは傾向性を持っていた場合、死後、地獄《じごく》に堕ちて「畜生道」といわれる所に行き、その動物の姿《すがた》と似たかたちになってしまうことがよくあるのです。

そして、あまりに長くそうした姿でいると、そもそも人間であったことを忘《わす》れ、自分の姿を見て、「これが自分自身だ」と思うようになってくることもあります。

これは悲しいことではありますが、後代の仏教のなかでは「一念三千《いちねんさんぜん》」と言うように、「人の心は一念三千。念《おも》いには三千通りの現れ方がある」ということと同じなのです。

これは、別《べつ》に仏教だけが説いているわけではありません。プラトンが筆記した『国家』という本のなかに、彼の師のソクラテスが語った内容《ないよう》として、「人間の魂は、いろいろな動物の姿にもなっていく」ということが書かれています。

また、「潔癖《けっぺき》であることを示《しめ》すために白鳥の姿になる者もいれば、他の猛獣《もうじゅう》になる者もいる。あの世へ行くと、入っていく穴《あな》が違っていて、入る穴によってそのように変《か》わる」というようなことを書いているものもあり、西洋の哲学《てつがく》でも言われていることなのです。

このように、深い霊能者《れいのうしゃ》であれば分かることもあると思います。

狐《きつね》や蛇《へび》などの動物の性質《せいしつ》を身につけていないか

死後、魂になってから動物の姿になる場合、それぞれの姿には、何か「魂の表《ひょう》象《しょう》」があるはずです。

例えば、ライオンは勇気《ゆうき》を象徴《しょうちょう》しています。

人を騙《だま》したり、たぶらかしたり、嘘《うそ》をついたり、ごまかしたりする傾向が強い者は、狐《きつね》のようになっていきます。

あるいは、人を避けてコソコソと逃《に》げ隠《かく》れする傾向がとても強い者であれば、ネズミのような姿に変わっていきます。

近寄《ちかよ》ると、必ず〝針《はり》で刺《さ》してくる〟ようなタイプであれば、ヤマアラシのような動物の姿になっていきます。

なかには、死骸《しがい》に群《む》れて死肉を食《く》らうハイエナのような性格《せいかく》の人もいるでしょう。嫌《いや》なものですが、動物や人が死ぬと、どこからともなくハイエナやハゲタカが必ず集まってきます。一匹《ぴき》あるいは一羽やって来ると、ほかの仲間《なかま》も集まってきて死肉を食べるのです。このように、腐敗臭《ふはいしゅう》に非常に敏感《びんかん》な動物もいます。

それから、憑依でよく見られるのは、蛇《へび》の霊です。動物としての蛇は、現在でもまだ自然界《しぜんかい》にたくさんいて健在《けんざい》です。ただ、人間でも、畜生道に堕ちて蛇のような容姿《ようし》になっている者もかなりいます。

蛇の特徴は、見て分かるように、獰猛《どうもう》性、執念《しゅうねん》深さ、色情欲《しきじょうよく》の強さ、恨《うら》み、猜《さい》疑心《ぎしん》です。こうしたものが強くなってくると、死後、蛇になりやすいのです。

男女関係においても、三角関係など、いろいろともつれたりし始めると、その人が蛇の姿に見えてくることもありますし、蛇の霊を引き寄せることもあります。

もちろん、その他の動物も可能性《かのう》としてはあります。貪欲《どんよく》を象徴するような動物もいることはいますし、いろいろなものがいます。

したがって、自己《じこ》を反省《はんせい》し、「自分は霊障になっていないか」ということを見るときには、動物園に行ってもよいし、動物図鑑《ずかん》を見ても結構《けっこう》ですが、「自分の性格は、何かの動物に似ていないか」ということも少し考えていただきたいと思います。

平和な動物もいますが、嫌なところがある動物も存在します。「そういう動物の性質《せいしつ》を身につけていないかどうか」を考えていただきたいのです。

先ほど述べた蛇の場合、憑依されると、リウマチ等の病気になる人もいます。

「下半身が冷《ひ》える」「足が痛《いた》い」「足が動かない」などと言っている人を霊視《れいし》したり、その人に神仏の光を実際《じっさい》に当ててみたりすると、蛇の霊が取り憑いているケースもあるのです。

また、狐の霊が取り憑くこともあります。「四十肩《しじゅうかた》、五十肩かな」と思っているかもしれませんが、肩に取り憑いたり、後頭部に取り憑いたりしていて、そのような症状が出てくる場合もあります。

動物の霊《れい》などの影響《えいきょう》で、家族に不幸《ふこう》が出てくることもある

動物は、虫よりは少し高等ですが、死んでもあの世の世界のことが分からない動物たちはたくさんいます。

餌《えさ》を食べて、この世で生きたいけれども、冬になると餌がなくて死ぬこともあります。現代文明では、車に轢《ひ》かれるなど、事故に遭《あ》って死ぬ動物も数多くいま

す。

また、人間に襲《おそ》われるものもいます。餌がなくて里に出てくる熊《くま》が多くなれば、五千頭も、殺処分《さつしょぶん》として猟師《りょうし》に撃《う》たれることもあります。

熊にとっては、餌を取る行動は当然のことなので、殺《ころ》される理由は不明《ふめい》です。

そのため、すぐには成仏《じょうぶつ》しないこともあります。熊とはいえ、母熊もいれば、父熊もいるし、子熊もいるので、家族の餌を取ろうとして来たのに撃ち殺されたりしたら、やはり不成仏になることはあるでしょう。

それから、猿《さる》が餌を求《もと》めて里に出てきたり、猪《いのしし》が出てきたりすることもあります。

また、家畜として飼《か》われていて、当然、食肉にされる動物であっても、死後、場合によっては、不成仏霊《れい》の集団をつくることがあります。

その意味で、家畜を飼い、それを肉にして売っているような農家、あるいは業者等は、多少、慰霊《いれい》のようなものをたまには行ったほうが本当はよいと、私は思います。そうした動物をあまりたくさん殺していると、家族に不幸が出てくるようなこともわりにあるので、気をつけなければいけません。

あるいは、神社仏閣《ぶっかく》でも、お祓《はら》いやお祈《いの》りなどをいろいろとやっていますが、「神主《かんぬし》やお坊《ぼう》さんの家族に、妙《みょう》な死に方をする人や障害者《しょうがいしゃ》が出たり、不思議《ふしぎ》な病気になる人がよく出てきたりする」という話をよく聞きます。

おそらく、いろいろな祈りや祈願《きがん》などを受けてはいるものの、受け止めるだけの力が足りないので、想念をたくさん受けて〝重い〟のでしょう。それで、家族のほうにまで影響《えいきょう》が来ることがあるのだろうと思います。

2 仕事や勉強でのキャパオーバーが霊障《れいしょう》を招《まね》く

キャパシティーを超《こ》えると、生活・仕事・人格《じんかく》等が崩壊《ほうかい》してくる

霊的《れいてき》なものは目には見えないので、唯物論《ゆいぶつろん》的に考えて、唯物的な原因《げんいん》だけを考えてしまうのですが、そうではないものが影響《えいきょう》していることは数多くあります。

特《とく》に、私のサラリーマン時代の経験《けいけん》から見ると、五十パーセント以上《いじょう》の人は、何か憑依《ひょうい》霊を持っているように思われます。

確《たし》かに、ラッシュ時の満員《まんいん》電車のなかは、霊的にけっこう厳《きび》しい状況《じょうきょう》でしょう。会社等でも、個別《こべつ》に自分の机《つくえ》を持てるようなところは少しましかもしれませんが、日本式にビシッとくっついているようなところでは、ほかの人に憑依している霊

がけっこうちょっかいを出してくるので、厳しいことは厳しいのです。このように、霊的なものの影響を受けているわけです。

そして、霊的になると感度が高くなるのですが、霊的に感知能力《のうりょく》が高くなっている人は、その人なりに「キャパ」というか、「受け止められる限度《げんど》」があるので、その限度を超《こ》えると、今度は厳しい現象《げんしょう》が出てきます。

「キャパ超《ご》え」というか、「キャパシティーを超えたことによって、毎日の生活が崩壊《ほうかい》してくる。あるいは仕事面で崩壊してくる。あるいは人格《じんかく》が崩壊してくる」ということを、私もかなり数多く見てきました。特に、霊的なものの場合、「キャパ超え」の問題からは逃《のが》れられないと思って、よく考えておいていただきたいと思います。

「キャパ超え」をしたら、客観的《きゃっかんてき》に、冷静《れいせい》に対策《たいさく》を立てること

別に何も悪いことをせず、普通《ふつう》に生活していても、例《たと》えば、自分には負えないような仕事の重みが急にポンとかかると、「キャパ超え」が起きます。このときに、悩乱《のうらん》もすれば心労《しんろう》もしますし、他人《ひと》や環境《かんきょう》のせいにもしたくなって、「これは誰《だれ》かの陰謀《いんぼう》だ」「悪さだ」などと考えてしまうわけです。

あるいは、会社の人には分かりませんが、家庭上の問題がある場合もあります。奥《おく》さんとの間に問題があったり、子供《こども》ができたものの、子供に手がかかって夜は眠《ねむ》れなかったり、家事が回らないために喧嘩《けんか》が絶《た》えなかったりと、ほかにもいろいろな原因があるわけです。

そのように、いわゆる「キャパ超え」が発生するところについては、客観《きゃっかん》的に、冷静《れいせい》に自分自身の仕事を見る必要《ひつよう》があり、立てられる対策《たいさく》は立てて、あらかじめ

準備《じゅんび》をすることが大事です。

ただ、どうしても無理《むり》だと思われた場合、まず一つには、「完璧主義《かんぺきしゅぎ》を捨《す》てること」が大事になります。「必《かなら》ず完璧にやらなければいけない」とあまりにも思いすぎていると、「キャパ超え」をしてしまってできなくなり、その重みで潰《つぶ》れてしまうことがあるからです。

どの程度《ていど》で潰れるかは、人によって本当にさまざまです。

例えば、本章のもととなった説法《せっぽう》は、講演《こうえん》というほどのものではありませんでしたが、この程度のものでも、「キャパ超え」をする人はします。「『霊障者《れいしょうしゃ》の立ち直りについて』という題で、どうぞ一時間お話しください」と言われると、たちまちモワモワモワッとしてきて、あっという間に霊障状態《じょうたい》になり、「これが霊障者なのですね。私が立ち直るにはどうしたらよいでしょう」といった話でもするしかなくなるような人はいるのです。

「キャパ超え」をすると必《かなら》ず何らかの言い訳《わけ》をつくる

そのように、「キャパ超え」はあっという間に起こります。

「準備をしていないから話ができない」「中身がないから話ができない」「経験がないから話ができない」「そもそも、そんな霊能力はないから話ができない」「勉強が十分ではなかったからできない」「準備期間がないからできない」など、理由はいろいろあるとは思いますが、これは学校のテストと同じです。テストが難《むずか》しく感じたら、悩乱しておかしくなってくるのと同じで、返ってくる成績《せいせき》の悪さに怯《おび》えてしまうというようなことがあります。学校のテスト、あるいは受験等でも、自分のキャパを超えてしまってできなくなる人はいます。

そういった場合に、見事に敗戦《はいせん》してグシャッと潰れてしまい、負け犬になるタイプもあれば、事前回避《かいひ》して逃《に》げるタイプもあります。自分がそれに直面しなくてもよいように、必《かなら》ず何らかの言い訳《わけ》をつくるわけです。

そのため、世の中には、〝死んだことにされてしまった、おじいさんやおばあさん〟がたくさんいるのではないかと思います。「祖母《そぼ》が急に心臓発作《しんぞうほっさ》を起こして倒《たお》れまして」とか、「祖父が死にまして」とか、「今、父が自動車事故《じこ》を起こして」とか、何だかんだ言い訳をして、できない理由をつけたことがある人は大勢《おおぜい》いるのではないでしょうか。

自分のキャパをオーバーしてきているときに真剣《しんけん》にぶつからなければならないことがあると、いわゆる〝チキンゲーム〟〝チキンレース〟で、「正面衝突《しょうとつ》するまでに、先に避《よ》けたほうが負け」となるのと同じように、正面衝突をしたくないので、衝突を回避するための理由を考えついて、何かほかのものに振《ふ》ってくることはあると思うのです。

例えば、勉強で言えば、「家が貧《まず》しくて塾《じゅく》に通えなかったから、受験に落ちた」

とか、「いい学校があったけれども、遠くて行けなかった」とか、「お金がないから行けなかった」とか、理由は何でもあると思います。ただ、トータルで言って、言い訳を求《もと》めるようになってくると、たいていの場合、その人のキャパが来ているということです。

これは、勉強だけではなく、スポーツに関《かん》しても同じことが言えます。

新年度になり、中学生や高校生が入学して運動部に入ると、たいてい四月はきついものです。新学期の初《はじ》めの一カ月ぐらいはきつく、体が痛《いた》くて痛くてしかたがないのが普通です。また、難しいことはさせてもらえず、基礎訓練《きそくんれん》のようなことをします。走り込《こ》みをしたり、剣道であれば素振《すぶ》りをしたり、野球であれば球《たま》を投げたりといろいろありますが、一カ月ぐらいは「体が痛くて痛くてしかたがない」という状態でしょう。

そのように、最初《さいしょ》はとても苦しみます。そのため、このあたりで駄目《だめ》になる人がわりあい多いのですが、それを乗り越《こ》えて多少強くなってくると、耐《た》えられるようになり、もう少し応用《おうよう》の練習などに入れるようになるわけです。

私自身も剣道をしていたことがありますが、六月ごろに辞《や》める人はとても多かったのです。そのころになると暑くなって湿度《しつど》も高くなるので、面を被《かぶ》って胴《どう》を着け、袴《はかま》をはいて剣道をしていると汗《あせ》だくになります。とても不快《ふかい》で気持ち悪くなるため、六月ごろに辞める人が多かったような気がします。そのような時期はあります。

そういう人もいれば、ちょっと大きな試合《しあい》があると、病気になったり、必ず怪我《けが》をしたりして、みなからはぐれるような人もいます。何らかの意味で自分を護《まも》ろうとしているのでしょうが、「その護ろうとしているものは、いったい何なのか」ということを考えなければいけません。

「平均値《へいきんち》の法則《ほうそく》」等に照《て》らして、自分や世の中を客観《きゃっかん》的に見る

一つには、「平均値《へいきんち》の法則《ほうそく》」として、「普通、人間は、どのようにしたら、どうなるのか」ということを、いつも見ていることが大事になります。

日ごろからちょっとしたジョギングなどをしているような人でなければ、いきなり「マラソン大会に出て四十二キロを走る」というのは大変《たいへん》なことで、生きるか死ぬかの大騒動《おおそうどう》になるでしょう。散歩《さんぽ》の習慣《しゅうかん》がないのに、いきなり「山登りをする」というのも、かなりきついことでしょう。

あるいは、水泳でも、「泳げない」という人はたくさんいますし、「水がとても怖《こわ》い」という人もいます。そういう人でも、やはり、一回試練を受けてみると泳げるようになったりはするわけですが、最初に飛《と》び越すときは大変です。そういうこともあります。

また、何かで失敗《しっぱい》すると、それがトラウマ（精神的外傷《せいしんてきがいしょう》）となり、同じようなことについては、事前に回避《かいひ》するといった現象を繰《く》り返し起こす人もいます。例えば、結婚《けっこん》を考えている相手と付《つ》き合っていて、もう少しで婚約《こんやく》に漕《こ》ぎつけたとか、結婚する手前まで来ていたのに、何かの事情《じじょう》で駄目になったということがあると、傷《きず》つくのは普通です。普通、傷つきますが、あまりにも純粋《じゅんすい》、純情すぎると、何年かたって次の相手が出てきても、やはり同じように進んでいって、似《に》たようなシチュエーションが出てきたときに崩壊し始めることがあるのです。

「前の彼氏と別《わか》れた日には雨が降《ふ》った」ということがあれば、「また雨が降ってしまった。ああ、駄目かもしれない」と思ったり、「映画《えいが》に誘《さそ》われたあとが駄目だった」ということであれば、「ああ、また映画に誘われた。これは駄目かもしれない」と思ったり、あるいは、「フレンチを食べないかと言われたら、別れる前兆《ぜんちょう》だ」と思ったりします。そのように、心の傷があると、似たようなシチュエーションになったときに逃避《とうひ》現象を起こして、自分から崩壊していくような人がいるわけです。

こうしたことは、かたちを変《か》えて、ほかにもたくさんあります。

ただ、こういう人たち全員に言いたいことは、「世の中のさまざまな人たちは、みな、どのようになっていっているのか、もう少しよく見てください」ということです。

世の中の人はみな、スーッと成功《せいこう》していますか。何かで失敗しているようなケースはありませんか。あるいは、どういう人がそういうときに失敗していますか。このようなことを客観《きゃっかん》的に見る訓練を、できればしてほしいのです。

「キャパ超え」の回数を減《へ》らすには、問題を「細分化」する

それから、仕事や勉強、恋愛《れんあい》などでもそうですが、自分のキャパを超えて崩壊

していくような場合は、「自分のキャパはこのあたりまでであり、これを超えたら危《あぶ》なくなる」ということを知り、「キャパ超え」の回数を減《へ》らしていく方法を考えることも大事になります。

その一つが、いわゆる「細分化の法則」です。やはり、仕事を一度にまとめて仕上げようと思うから、大変なことになるわけです。

突貫《とっかん》作業で、「今日、洞窟《どうくつ》を通してトンネルを開《あ》けるぞ。穴《あな》を開けて道路を通してしまうぞ」というようなことをやろうとしたら、それは大変な馬力《ばりき》が要《い》りますので、急にはできません。「ここに穴を開けるには、三十日はかかるかな」と考えたなら、三十日ぐらいと見て作業工程を決め、「毎日、何メートルずつ掘《ほ》っていけばよいのか」というように細分化していくことです。

あるいは、「雪下ろし」でも同じです。屋根に雪が一メートルも積《つ》もることがありますが、一度にすべてを下ろそうとしても下ろせるものではありませんし、雪下ろしをしていて落ちる人もいます。この場合も、小さく分けながら雪を下ろしていくしかありません。いきなりすべてを下ろそうとしても、無理な話なのです。

さらに、これは「勉強」でも同じであり、いきなりすべてを解《と》こうとしても無理なのです。少しずつ少しずつ、ブロックを積むように進めていくことで、徐々《じょじょ》にできるようになったり、いつの間にかできるようになったりするのですが、追い込まれてからやるような習性《しゅうせい》がある人の場合は、大変なことになります。

「大変に追い込まれたので、〝スーパーマン〟に変身して一日だけ頑張《がんば》ったら受かった。通った」という人や、あるいは、「短時間だけやって通った」「ヤマを当てて通った」などという人が数多くいますが、私はそういうものをあまり信用《しんよう》しないタイプではあります。やはり、いつもいつもヤマが当たったり、いつもいつも一夜漬《いちやづ》けでできたりすることは、そんなにはないからです。

もちろん、たまにはできることもあります。「たまたま見たところが出た」などということもありますが、本当に一生のうちで限《かぎ》られた数しかないので、そういうものにはあまり頼《たよ》らないほうがよいでしょう。

基本的に、私は勉強でヤマをかけないタイプではあるのです。「どこが出ても同じぐらいできる」というのが基本のスタイルであるため、「できない場合はできないし、しかたがないな」と思うタイプなのです。

試験《しけん》では、ヤマ当てや一夜漬《いちやづ》けに頼《たよ》らないほうがよい

以前にも述《の》べたことがありますが、私も、一度だけ本当にヤマが当たったことがあります。

それは、理科の選択《せんたく》科目の「生物」だったのですが、たまたま、チャート式か何かのもので、気になってそこだけを読んでいた箇所《かしょ》がありました。二問ぐらい、

難しい出題のところを読んで、駿台模試《すんだいもし》を受けたのです。すると、同じ問題が出ていて、試験《しけん》前に見ていたのでそれを解くことができたのです。それで、生物で百点を取り、「全国一位《い》」になってしまいました。

しかし、こんなものはまぐれもいいところで、信用してはいけません。「一度、ヤマが当たった」ということは、「本番では当たらない」ということをほぼ意味しているので、これは危ないでしょう。ツキを使い切ってしまって、本番ではほぼ外れることになるので、「模試などで当たる」というのはろくでもないことなのです。

そのときは、何とも不思議《ふしぎ》な感じ、きょとんとした感じで、「へ？　なぜ百点なんだろう」といった感じだったでしょうか。

それほど勉強していないのに、たまたま前の日に見たものが二カ所ぐらい出ていたので百点だったわけですが、東大を受ける人を中心に、文系《ぶんけい》では八千数百人が受けているなかで、はっきりパチッと「一番」と出るので、「数学とかで出ればかっこいいけど、こんなものので出てしまってどうするんだ」とは思いました。

事前にそんなもので「一番」が出て、いい気分になることもあるでしょうが、こういう場合は、だいたい本番では当たらないので、「本番では外れるかもしれないから、もうちょっと気をつけよう」というように、もっと恐《おそ》れるべきだと思います。

勉強が足りていないから、たまたまヤマが当たるように見えるのであって、ちゃんと均《なら》してキチッとやっておけば、そんなことはないわけです。

こういったこともありました。

いずれにしても、「キャパシティーを超えてしまう」ということはあるのです。

「一夜漬《いちやづ》け、一夜漬け」とよく言う人の場合は、「勉強しなければ」と思いつつ、結局「逃避」してしまうのですが、こういう「逃避現象」というのは一般《いっぱん》に見られます。

例えば、中間テストが近づいてきて、「もうそろそろ、やらないと間に合わないな」と思うのに、友達《ともだち》に誘われたりすると遊びに行きたくなったりします。「ゲームセンターに行かないか」と言われて行ってしまうとか、「コンサートでいいのがあるんだけれども、観《み》に行かないか」と誘われてフラフラフラッと行ってしまうとか、「食べ物でおいしいのを見つけた」「丼物《どんぶりもの》で、すごいおまけが付く牛丼《ぎゅうどん》が出ているから食べに行かないか」と誘われてついつい行ってしまうとかいったことは、よくあるでしょう。これは普通にあることなのです。

あるいは、そうではない人の場合でも、「試験の一週間ぐらい前になって、勉強しなければいけないと思ったら、急に小説が読みたくなって読んでしまう」といったことがあるでしょうが、これも、よくある古典《こてん》的なパターンです。明治《めいじ》、大正のころからある古典的パターンですが、そのように逃避するわけです。それで時間が不足して、最後に必死になってやるというパターンになります。

「そういう傾向《けいこう》は、みな多分にあるのだ」ということは知っておいたほうがよいでしょう。

その上で、「本番でプレッシャーになりすぎないようにするために、どうやって細分化していって、均《なら》して、合理的に勝つべくして勝つようにするか」、あるいは、負ける場合でも、「どの程度、足りなくて負けるかということをあらかじめ読んで、生きるか死ぬかの大騒動にならない程度に予測《よそく》しておく」ということも大事なことかと思います。神のような目で見れば、分かることもあるだろうと思うのです。

社会人になったら、コンスタントに働《はたら》く訓練《くんれん》を自分に課《か》す

ただ、見ていると、「キャパ超え」をして、キャパシティーの器《うつわ》を超えたため

にできなくなって霊障になるというパターンは、特に社会人になり、仕事をし始めてからはとても多いのです。

それは、一度に二つ、三つのことができないということでなる場合もありますし、締《し》め切りのあるものや、とても緊張《きんちょう》するようなもの、例えば「スピーチコンテストがある」とか、「劇《げき》に出て、配役を演じなければいけない」とか、いろいろありますが、こういったときに、やはり、おかしくなるケースはあるのです。

そういう意味で、いかにして練習を丹念《たんねん》にして、「平均的な自分の実力はどのくらいあって、どのくらいなら可能性《かのう》があるか」といったところを見られるか、あるいは、プロの打者が言うように、「一年間を通じたら何割《わり》は打てる。この程度のスランプがあっても、一年間を通じれば行ける」といったことを知っているか、こういうことは大事だと思います。

また、「うぬぼれの心」を持っていると、本当は自分にはできないこと、自分には無理なことでも、「できる」というように大言壮語《たいげんそうご》してしまったり、ＰＲしたり、うぬぼれて破滅《はめつ》する、直前逃避する、あるいは、ほかの人にたいへん迷惑《めいわく》をかけるといったことが起きてくるわけです。

実際《じっさい》に悩《なや》みと対決するのであれば、まめに努力《どりょく》するほうがよっぽどましなのですが、それをしないで、他人に悩み相談ばかりしている人もいます。「あちらへ行っては悩み相談、こちらへ行っては悩み相談」というように、いろいろな人のところへ行って、自分の悩み相談ばかりして時間を費《つい》やすのです。夜中に悩み相談をして夜《よ》が明けてしまったり、自分だけでなく、他人まで悩ませてしまったりします。

そんなことをするよりは、ちょっとでも練習していくなり、基礎知識《ちしき》を入れるなり、繰り返し勉強するなり、台詞《せりふ》を覚《おぼ》えるなりしたほうがよいでしょう。あるいは、絵の描《か》き方等であれば、「上手な人は、どのように描いているか」といったことを少し学ぶなど、手段《しゅだん》はいろいろあります。先にある時間を有意義に少しずつ使っていって、一歩でも前進させていくような努力をしたほうがよいのです。

例えば、私であっても、一年間に百冊《さつ》の本を出すとして、「百冊をいっぺんに書いてください」と言われても書けません。それは無理であり、できないのです。

あるいは、「百冊を一度には無理ですか。では、とりあえず一カ月で十冊を目《め》処《ど》に、最低《さいてい》でも八冊は書いてください」と言われても、八冊とか十冊とかがいきなり来たら、やはり、けっこうしんどいことはしんどいでしょう。

そのように考えればそうなのですが、「毎日、毎週、毎月、このくらいのペースで、少しずつ少しずつ進めていく」という感じで、コンスタントに働《はたら》く訓練《くんれん》を自分に課《か》していると、一年たってみたら、だいたい同じ程度の達成《たっせい》度は出てきます。

このように、自分自身を訓練しつつ、その〝平均打率《だりつ》〟をいつも考えていくこと、完璧主義は狙《ねら》わないで、少しでも成果《せいか》があがるように何かを進めていくことです。

最終的《さいしゅう》には「勝率《しょうりつ》はどの程度《ていど》か」を見通すことが大事

たいてい、「悩み」「苦しみ」「迷《まよ》い」等が霊障のもとになっていて、その悩みや迷いで、死んで迷っている地獄《じごく》霊や動物霊など、いろいろなものを引きつけてくることがあります。

ですから、それについて、先ほど述べたように、「細分化してできるものか」、あるいは「努力してできるものか」等を見極《みきわ》めて、できないものであるならば、「自分の能力を超えていると認《みと》めること」も大事だと思います。

「自分にできるのは、ここまでだ」と思ったら、「それについて、ここまでは努力するが、ここからは自分にはちょっと無理なようであるから、全体でどうしてもそれを達成するというのであれば、『やり方を変える』『もう少し短いものにする』『もう少し簡単《かんたん》なものにする』『もう少し能力のある人を投入する』」とか、あるいは「休みが大事なときもある」とか、考え方をいろいろと変えなければいけないようなこともあるでしょう。

一定以上の重みをかけ続《つづ》けると、「人格が崩壊する」という現象が本当に起きるのです。それが子供時代にかかりすぎると、幼児《ようじ》のコンプレックスで、フロイト等が言っているような、幼児体験のなかで、大人になっても抜《ぬ》け切らないものが出てくることもあります。

また、大人になっても、やはり、失敗体験によるトラウマのようなものができることはできるので、常《つね》に客観的実力を知っておくこと、「自分自身の客観的実力と、ほかの人の戦力がどのようなものか」をよく見ておくことが大事です。

そして、最終的《さいしゅう》には、何かの仕事をする場合に、「勝率《しょうりつ》はどの程度《ていど》か」といったことぐらいは見通しておくことが大事でしょう。

例えば、一万人マラソンであれば、一位になる確率は、一般的に考えると一万分の一になるでしょう。「自分は平均的な人よりは足が速い」というならば、五千番より前に入る可能性は高いでしょう。「招待《しょうたい》選手で来ている」というならば、上位グループに入る可能性は高いはずです。ただ、プロのレベルになってきたら、その日によって変わるコンディションの微妙《びみょう》な調整については、いろいろと難しいところはあると思います。

このように、自分自身を客観的に見て、平均率を見て、さらに、「細分化の原理」等を通して、「キャパオーバーでアウトになること」をできるだけ避《さ》けていくことが大事だろうと思います。

これを上手にやらないと、霊障は止まらなくなってしまうのです。

3　霊障《れいしょう》にならないための「自己研鑽《じこけんさん》」

重い霊障になると、肉体のコントロールができなくなってくる

霊障《れいしょう》も屋根の雪と同じなので、重くなってくると、〝家ごと壊《こわ》れてしまう〟ところがあります。家ごと壊されてしまうと、もはや住処《すみか》としては適《てき》しません。魂《たましい》として、なかに住めなくなるような状態《じょうたい》になるのです。霊子線《れいしせん》が付《つ》いたまま、肉体から出たり入ったり、遊離《ゆうり》しているような状態になって、その間に、ほかのものにズボズボに入られるようになってくることがあります。

こうなってしまうと、けっこう手強《てごわ》いのです。

やはり、本人の魂は、肉体に対していちばん強い力を持っていなければいけな

いのですが、柱が折《お》れたり、窓《まど》が破《やぶ》れたり、屋根に穴《あな》が開《あ》いたりして家自体の機《き》能《のう》が壊れてしまっているために、「魂の住処」として十分ではなくなっているのです。霊子線でつながっているだけで、ほかのものがズボズボと入ってくるような状況《じょうきょう》になってくると、なかなか肉体のコントロールもできなくなってきます。

したがって、誰《だれ》が言っているのか、何が言っているのか分からないし、ほかのものが入って話している状態になるのです。

話を聞いているときに、「聞いているのはその人ではない。ほかの人が聞いている」というような状態になると、「記憶《きおく》にない。やった覚《おぼ》えがない」というようなことがたくさん起こります。その人は、「聞いた覚えがない。やった覚えがない。なのに、みんなは『そうだ』と言う。世間《せけん》はおかしい」というようなことを言い出すのです。

これは、医学的には「解離《かいり》性障害《しょうがい》」とよくいわれるものですが、本当に、「衝《しょう》動《どう》的に殺人《さつじん》を犯《おか》したけれども、そのとき体に入っていたのは本人の魂ではなかった」という場合があり、「殺人鬼《き》のような魂が入っていて、刺《さ》している瞬間《しゅんかん》には本人の魂はいなかった」ということがあるわけです。

そのため、記憶にないのに自分が人を殺《ころ》したと言われて、「分からない」と言う人もいます。

「霊聴《れいちょう》」などが止まらないと、仕事や勉強ができなくなる

それから、もう一つ、霊体質《れいたいしつ》になり、「霊聴《れいちょう》」といって、耳からいろいろな霊の声が聞こえてきたりすることがあります。この霊聴が止まらなくなって、これを塞《ふさ》ごうとしても塞げず、いろいろなときに不用意《ふようい》に聞こえてくるのです。

これをコントロールできないと、仕事はできませんし、学生であれば学校の勉強ができません。声がたくさん聞こえてきて、試験《しけん》問題を解《と》いていても声が聞こ

えてくるという状態になったら、なかなか難《むずか》しくなり、駄目《だめ》になってしまいます。最後《さいご》には、もう、ヘッドホンをかけて、「正心法語《しょうしんほうご》」の音声を二十四時間流すようなことになる人もいると思いますが、けっこう厳《きび》しいだろうと思います。

こういう「霊の声が聞こえる」ということがあります。

あるいは、「幽霊《ゆうれい》のようなものが、いつも視《み》える」という人もいます。これもきつい話です。普通《ふつう》は、そのように視えたり聞こえたりはしないようにできているので幸福なのですが、そのせいで信仰心《しんこうしん》がなくなっている面もあります。しかし、いろいろなものが視えすぎると、これもまた困《こま》る話です。

本当に霊が来ていて、それを確実《かくじつ》に視ている場合もありますが、本人の恐怖心《きょうふしん》が呼《よ》び込《こ》んでいろいろなものが視えているという、妄想《もうそう》に近いものもあることはあります。恐怖心がいろいろな幻影《げんえい》をつくり出し、視えているように感じている場合もあるのです。

これは、心が「平静心《へいせいしん》」を完全《かんぜん》に失《うしな》ってしまっている状態です。視えたり聞こえたりしても、一般的《いっぱん》には精神病棟《せいしんびょうとう》に入れられるような状態になる場合があるわけです。

規則《きそく》正しい生活をし、体や知性《ちせい》・理性《りせい》、意志《いし》の力を鍛《きた》える

それでは、そうならないようにするには、どうしたらいいのでしょうか。

これも本当に大事なところですが、「できるだけ規則《きそく》正しい生活をする」ということが、やはり一つです。規則正しい生活をするということです。

それから、「体の定期的な鍛錬《たんれん》」です。忘《わす》れずに体も鍛《きた》えないといけません。馬でも走る訓練《くんれん》をしないと走れなくなります。ですから、体も鍛えなければいけないということです。

また、過密《かみつ》スケジュールでやりすぎている場合には、休むことも大事です。

「ときどき休みを入れる」ということも大事なのです。

先ほど述《の》べたように、霊の声がたくさん聞こえ、妄想が見えて、世の中が〝モワッとして〟いるような、何だかよく分からない感じになってくる人もいると思いますが、そういう人こそ、やはり、「知性《ちせい》と理性《りせい》を鍛える」ということがとても大事です。

「知性・理性」を鍛え、さらに「意志《いし》の力」も鍛えていくことが大事です。急には強くなりませんが、毎日毎日、訓練していれば、強くなっていくものです。

私は本をずいぶん読んでいるので、「本をたくさん読んでいるから、霊言《れいげん》なんかつくりものだろう」というようなことを言ってくる人もいます。しかし、それは、「空《から》の袋《ふくろ》は立たず」と私が言っていることの意味がまだ分かっていないのです。

もし、「中身が空っぽでも、霊が言うのだから、それだけで仕事ができる」など思っている人がいた場合、その人は、いずれ霊に翻弄《ほんろう》され、自分自身を見失い、自分が何をしているのかも分からなくなると思います。

したがって、いろいろな霊がかかるようになってくると、やはり、中身がきちんとあること、あるいはバランサーが働《はたら》いていることがとても大事です。人間の考え方には幾通《いくとお》りかがありえますが、「どのような考え方があるか」ということを知っているのは大きなことなのです。

「因果《いんが》の理法《りほう》」を知り、知性的・理性的であることが大事

さらに、「このような場合には、原因《げんいん》・結果《けっか》の法則で普通はこのようになる」という「因果《いんが》の理法《りほう》」を知っていることも、とても大事です。

それは「理性」にも当たるところだと思うのですが、基本《きほん》的な「知性」のところで、まったくの迷信《めいしん》レベルで止まっていたら、霊の言うことをそのまま真に

受けてしまいます。「因果の理法」が分からない人は理性的ではないわけですが、こういう人の場合も、とんでもないことをしてしまうことがあるのです。

霊の声が聞こえてきて、「屋上から飛《と》び降《お》りたら楽になれるよ。もう天国に還《かえ》れるよ」とか、「おまえは天使だから、屋上から飛び降りても、天使が羽で支《ささ》えて救《すく》ってくれるよ」とか言われたりします。

アメリカの精神系《けい》の病院では、〝イエス・キリスト〟の数がいちばん多いらしいのです。有名人の名はよく出てくるのですが、〝イエスの生まれ変《か》わり〟がいちばん多いとのことなので、なかなか難しいものです。霊が来て、「おまえはイエスだ」という声が聞こえてくるわけですが、これは本当に際《きわ》どい、難しいところだと思います。

それを聞いて信じたくなるのは分かりますが、「イエスとは、どういう人なのか」ということぐらいは知っておいたほうがいいでしょう。「どういう生き方をされた方で、どういう考え方をされ、『福音書《ふくいんしょ》』でどのように書かれている方なのか」ということを、よく知っておいたほうがいいのです。

「イエスなら、こういうときには、このようにしているはずだ」ということを知っているかどうかは大事なことです。

「そんなものは読まずとも聞かずとも分かっている。イエスなんだからイエスなんだ。イエスはイエスの業《わざ》をするのだ」というようなことを言っていると、その〝空の袋〟に何が入ってやっているのかが分からず、〝空の袋〟に〝猫《ねこ》〟が入って暴《あば》れているだけかもしれない状態が来るのです。

したがって、霊能力がついてきたら、逆《ぎゃく》に、知性的・理性的であることが非常《ひじょう》に大事になります。

「霊能力が開けてくる」というのは感性や悟性《ごせい》が高いことを意味しているのですが、普通は、知性・理性のほうが強すぎると、霊感があまりなくなり、信じなくなってきて、はねつけるのです。

霊的にいろいろなものが聞こえたり、視えたり、感じたりするようになってきたら、今度は、やはり人間として、「もう一段《いちだん》、見識《けんしき》の高い人間」になるように、常《つね》に研鑽《けんさん》をしていかなくてはなりません。

そうでないと、自分の仕事が大きくなったり、影響力《えいきょうりょく》が増《ま》してきたりしたときに、力を超《こ》えてしまい、「キャパ超え」が起き、そのときに崩壊《ほうかい》し始めます。

友達《ともだち》ぐらいの範囲《はんい》に、「こんな霊が降りてきて、こんなことを言っているんだよ」と冗談《じょうだん》で言っているぐらいならいいのです。役者が、「ときどき小人《こびと》が見える」とか、「旅に出て撮影《さつえい》していたら幽霊に会った」とか、そんな話を楽屋でしているぐらいならいいとしても、それが常態化し、仕事と一緒《いっしょ》になって全部混《ま》ざってくると、厳しいところがあるでしょう。

要《よう》するに、そういう霊体質になってきたら、知性・理性のところも同時に高めなければ護《まも》り切れないのです。〝防波堤《ぼうはてい》〟を破られてしまう可能《かのう》性があるので、ここを高めていただきたいと思います。

そして、その知性・理性に照《て》らして、「これは、どう考えても、そういう原因・結果の法則はありえない」というようなものに対しては、やはり、バスッと、ピシッと切ること、小太刀《こだち》で切るようにピシッと切ることが大事です。

「山の上から飛び降りたら、天使が救いに来るよ」と言われたとしても、「普通、そんなことを言うのは悪魔《あくま》のささやきでしょう」と言えるぐらいのことは、知識として知っていなくてはいけません。

「自分はローマ法王だから、やはり、イエスのような力を持っていなくてはいけない」ということで、「これからプールの水の上を歩いてみせる!」と言って歩いたら、たちまち水のなかにジャボンと沈《しず》んで終わってしまうことだってあるわけです。

このあたりは、「イエスと自分との違《ちが》い」を、やはり知らなければいけないと思うのです。奇跡《きせき》が起きることもありますが、それについても、一定の冷静《れいせい》な目で見ることが大事であると思います。

教学《きょうがく》等を続《つづ》ける態度《たいど》が、霊《れい》の惑《まど》わかしを避《さ》けることになる

ほかに気をつけていただきたいのは、次のようなことです。

霊的《れいてき》に、目覚《めざ》めたり、感度が高くなったり、影響を受けやすくなったりしたら、いろいろなものに人格《じんかく》を乗っ取られやすくなるので、よりよき人間になるように、人間としてより人格が向上して立派《りっぱ》になるように、本当に努力《どりょく》しなくてはいけません。

言葉についても、人を傷《きず》つける言葉や乱暴《らんぼう》な言葉を使わずに、よい言葉を使えるように努力することが大事です。

もちろん、暴力等を振《ふ》るったりするのは、〝神の制裁《せいさい》〟といっても、やはり、おかしいと考えなくてはいけないと思います。

それから、人を積極的《せっきょく》に騙《だま》したり、嘘《うそ》を言ったり、ごまかしたりする人もいますし、もっとたちが悪くなってくると、人を落とし穴に陥《おとしい》れようとして計画し、だんだん、そこに追い込んでいくようなことまでする人もいます。瞬間的に嘘を言ったり、ごまかしたりするのではなく、相手を破滅《はめつ》させようとしたり、罠《わな》にかけようとしたりして、だんだんそこに追い込んでいくのです。

あるいは、「少し知性が〝軽く〟て、すぐに乗ってきそうな人」を騙してシンパをつくり、全体で、ある人を破滅させようとして追い込んでいくようなことをする人もいます。

いろいろなケースがありますが、やはり、知性的にも理性的にも、平均《へいきん》的に、相手の罠などを弾《はじ》き返せるような力をできるだけ持ってほしいと思います。

もちろん、神仏《しんぶつ》が救ってくださることもあります。しかし、「いつもいつも」というわけにはいかないと思うのです。

自分の存在《そんざい》と行動が招《まね》いている現象《げんしょう》であるならば、やはり自分自身に跳《は》ね返ってくるので、そのあたりは強くなければいけないと思います。

霊的なものが開けると、「そんなもの、もう霊が話せば、そのまま百パーセントだ」というようなことを言う人もいるのですが、そんなことはありません。当会は仏法真理《ぶっぽうしんり》の本を出していますが、やはり、「教学《きょうがく》等を続《つづ》ける態度《たいど》」を持っていただきたいと思うのです。

特《とく》に、あの世で長い間、地獄界《じごくかい》とか裏側《うらがわ》とかにいる人には、はっきりと勉強していない人も多いので、教学を続けている態度が、彼らの言葉や惑《まど》わかしを、ある程度《ていど》避《さ》けることにもなるのです。

彼らの言葉のなかには、「はっきりと反対側」というのではなくて、〝微妙《びみょう》なすり替《か》え〟も入ってきます。

例《たと》えば、「愛《あい》が大事でしょう？　だから、いかにしてその愛を実践《じっせん》するかということになると、どうやって誘惑《ゆうわく》するかが大事で、相手をどうやって誘惑して陥れるかのテクニックを磨《みが》かないと駄目なのよね」という感じで来たりします。あるいは、「やっぱり、お酒も一つの触媒《しょくばい》なのよ」という感じでお酒を使ったりします。

また、やたらと、ほかの人を乗せていったり、嘘をついたり、いろいろなことをしてはめていき、自信喪失《そうしつ》にさせたり、「自分は駄目人間なのだ」と思わせようとしたりします。

躁鬱気質《そううつきしつ》のタイプは、理性を持って心を平らかにする努力《どりょく》を

あるいは、躁鬱気質《そううつきしつ》で、「極端《きょくたん》なS状態（サド状態）」と、自分をいじめたくな

るような「極端なM状態（マゾ状態）」とがものすごく周期的《しゅうき》に出てくるようなタイプの人は、霊障になりやすく、霊がもうズボズボに入ってきます。そのくらい振幅《しんぷく》があると、とても入りやすいので、やはり、「精神の安定」は大事だと思います。

ところが、自分でそれを放置《ほうち》して、「よいものだ」としていると、どうなるでしょうか。例えば、他人《ひと》を徹底《てってい》的に攻撃《こうげき》して、いじめ抜《ぬ》くのが習い性《しょう》になれば、もう、それがその人の性格《せいかく》になってしまいます。

また、今度は自分をいじめ抜いて、「自分は駄目なのだ」ということばかりをたくさん実証《じっしょう》して、毎日〝楽しんでいる感じ〟になると、これも、もう救えない状態になることもあります。

したがって、霊的な人には嫌《いや》なことではあるでしょうが、できるだけ、一般的に見て、あるいは統計《とうけい》的に見て、「男性なら、女性なら、その年齢《ねんれい》なら、その学《がく》歴《れき》や職歴《しょくれき》なら、その家族構成《こうせい》なら、普通、このようなときは、このように考えるだろう」というような理性を持つ努力《どりょく》はしてほしいと思います。

やはり、心の振幅が激《はげ》しすぎる人は基本的には〝危《あぶ》ない〟ので、それをできるだけ平らかにしていく努力はしてください。

4 「鏡《かがみ》のように磨《みが》かれた心」が呪《のろ》いを跳《は》ね返す

うぬぼれが強すぎて一匹狼《ぴきおおかみ》になると狙《ねら》われやすい

また、いったん、霊体質《れいたいしつ》になって「霊道《れいどう》」を開《ひら》いてしまうと、もうなかなか元には戻《もど》らないことのほうが多いと思うのですが、自分を護《まも》るのは、「教学」や「信仰心《しんこうしん》」「法友《ほうゆう》たち」です。

やはり、「信仰を持っている仲間《なかま》たちのグループのなかに所属《しょぞく》している、帰属している」ということが、本当に自分を護ることになるのです。ですから、「はぐれた者は狙《ねら》われやすい」ということは知っておいてほしいと思います。

世のマスコミ等は、信仰をバカにしたり、見下《みくだ》したりすることも多いですし、「目に見えないものは信じない」と言うでしょう。また、一緒《いっしょ》に真理を学習したり、信仰している人が、教会やお寺などに集まっていたら、「そのような人たちは洗脳《せんのう》されているんだ」と言って、全部、混《ま》ぜっ返してきたりもします。

やはり、「同じような仲間がいる」ということが、そういう魔《ま》に完全《かんぜん》にやられないためには大事なことです。「一匹狼《ぴきおおかみ》にして、はぐれさせる」というのが一つの方法であるので、これには気をつけたほうがよいと思います。

はぐれてしまう理由は何かというと、「自分をあまりにも偉《えら》く考えてしまいすぎる。うぬぼれが強すぎる」ということでしょう。あるいは、〝ホラ体質〟もあるし、嘘《うそ》つき体質もあるし、「名誉心《めいよしん》が強すぎる」とか、「自慢《じまん》の心が強すぎる」とかいうようなことでもあります。

もちろん、自分が人からほめられるようなところもあると思います。「頭がいいですね」「美人ですね」「美男ですね」「家柄《いえがら》がいいですね」「お金持ちですね」「家が立派《りっぱ》ですね」「職業《しょくぎょう》が立派ですね」「ご先祖《せんぞ》様が立派ですね」「お子様が優秀《ゆうしゅう》ですね」など、いろいろなことがあると思うのです。そうした、人より優《すぐ》れているところはあるでしょう。

ところが、このうぬぼれが過剰《かじょう》になってくると、やはり、「自分は他人《ひと》とは違《ちが》う」というようなことになってしまって、自分一人が浮《う》き上がってしまって、狙い撃《う》ちされやすくなることもあるのです。

その意味で、謙虚《けんきょ》であること、コツコツと努力《どりょく》をし続《つづ》けることは大切です。また、たまにヒットしたり、みんなに受けたり、よい結果《けっか》が出たりしても、「これは運がよかったにしかすぎない。いつもこうなるとは限《かぎ》らない」というような気持ちを持っておいたほうがよいでしょう。

過去《かこ》の栄光《えいこう》にすがらず、「責任《せきにん》」を負える範囲《はんい》を広げていく

そのようなことは、大学の入試《にゅうし》についても言われています。私が大学に入った年にも、教授《きょうじゅ》が、「みなさん、合格《ごうかく》して入学されましたが、一年後に入試を受けて、受かる人は二割《わり》もいませんから」と言っていました。

「そのようなものなので、何か、自分の地位《ちい》やステータスのように思わないでください。今、勉強したことが、たまたま功《こう》を奏《そう》し、試験《しけん》の問題と相性《あいしょう》もよくて合格したかもしれませんが、八割ぐらいの人は、一年後に受けたら落ちますからね」と、確《たし》か言っていたと思います。

そういう意味では、たまたま、自分が受かるときに当たったために受かったの

かもしれません。もちろん、それに自信を持ってもよいのですが、それで終わりにせずに、その後も謙虚に努力をし続けることが大事だと思うのです。

昔の栄光《えいこう》にすがっている人は、〝大人になる〟のが遅《おそ》くなることもあります。それは、例《たと》えば、卒業《そつぎょう》・就職《しゅうしょく》の時期に逃《に》げるということです。なかなか就職しないで逃げたり、自分の進路を決めたがらないというようなことで逃げたり、あるいは、ずっと親のすねかじりでいるような感じになったりして、先延《さきの》ばしすることが多いと思います。

やはり、年齢相応《ねんれいそうおう》に成熟《せいじゅく》して、自分のことは自分でできるようになり、あるいは、自分以外《いがい》の人にも「責任《せきにん》」を負えるようにならなくてはいけません。家庭には、責任を負って、伴侶《はんりょ》や子供《こども》、両親、きょうだいに対して、責任を負えるようにならなくてはいけません。

また、次には、会社の同僚《どうりょう》や部下に対して責任を負ったり、隣《となり》近所に対して責任を負ったり、いろいろな社会的役割を与《あた》えられたら、それについて責任を負ったりというように、責任を負える範囲《はんい》が広がっていかなければならないのです。

そのためには、「一定の実力の上に、コツコツとした努力を積《つ》み重ねることで、キャパを大きくしていく、自分ができることの量《りょう》を大きくしていく」ということが大事だと思います。

「戒律《かいりつ》」は崖《がけ》から落ちないように張《は》られた柵《さく》のようなもの

なお、古来、言われているいろいろな「戒律《かいりつ》」そのものは、全部守れば成功するかというと、そのようなものではないものでもあり、だいたい平均率《へいきんりつ》で言っているようなことが多いのです。

例えば、お酒を禁《きん》じる宗教《しゅうきょう》もありますが、お酒で失敗《しっぱい》する人は後を絶《た》ちません。

また、「人を殺《ころ》すなかれ」といいますが、やはり、人を殺してよいことはめったにないでしょう。ただし、たまたま軍隊《ぐんたい》などにいて、そういう立場でやらなくてはいけないことや、正当な場合もあるとは思います。

例えば、警察官《けいさつかん》であれば、「犯人《はんにん》と撃ち合いをして、相手を撃ち殺した」ということもあるかもしれません。ただ、人を一人殺すとけっこうこたえますし、何人も殺して「腕《うで》がいい警官だ」と言われても、だんだん、教会にでも通いたくなってくる気持ちはよく分かります。やはり、そういった面はあるでしょう。

そのように、いろいろな戒律がありますが、それらは柵《さく》のようなものなのです。崖《がけ》から落ちないように柵を張《は》っているようなものなのです。ですから、そうしたものだと思って意識《いしき》して、「自分は自分の立場でどのように生きていくか」ということを考えるとよいと思います。

郵便はがき

料金受取人払郵便

赤坂局
承認

7468

差出有効期間
2021年10月
31日まで
(切手不要)

1 0 7 - 8 7 9 0

112

東京都港区赤坂2丁目10－8
幸福の科学出版（株）
愛読者アンケート係 行

フリガナ お名前	男・女	歳
ご住所 〒 都道府県		
お電話（ ）－		
e-mail アドレス		
ご職業 ①会社員 ②会社役員 ③経営者 ④公務員 ⑤教員・研究者 ⑥自営業 ⑦主婦 ⑧学生 ⑨パート・アルバイト ⑩他（ ）		
今後、弊社の新刊案内などをお送りしてもよろしいですか？（はい・いいえ）		

愛読者プレゼント☆アンケート

『秘密の法』のご購読ありがとうございました。
今後の参考とさせていただきますので、下記の質問にお答えください。
抽選で幸福の科学出版の書籍・雑誌をプレゼント致します。
（発表は発送をもってかえさせていただきます）

1 本書をどのようにお知りになりましたか？

① 新聞広告を見て ［新聞名：　　　　　　　　］
② ネット広告を見て［ウェブサイト名：　　　　　　　　］
③ 書店で見て　④ ネット書店で見て　⑤ 幸福の科学出版のウェブサイト
⑥ 人に勧められて　⑦ 幸福の科学の小冊子　⑧ 月刊「ザ・リバティ」
⑨ 月刊「アー・ユー・ハッピー？」　⑩ ラジオ番組「天使のモーニングコール」
⑪ その他（　　　　　　　　）

2 本書をお読みになったご感想をお書きください。

3 今後読みたいテーマなどがありましたら、お書きください。

ご感想を匿名にて広告等に掲載させていただくことがございます。ご記入いただきました個人情報については、同意なく他の目的で使用することはございません。

ご協力ありがとうございました！

生霊《いきりょう》や式神《しきがみ》は、基本《きほん》的に「鏡《かがみ》の法《ほう》」で返すことができる

それから、霊的には、「生霊《いきりょう》」や、生霊以外にも、生霊を出してくる人が霊的に〝手下〟として使っているようなものなどをぶつけてくる場合もあります。それで、少し人生に狂《くる》いが出ることもあるのです。

そのように、「他人から攻撃《こうげき》を受けている。恨《うら》みの念《ねん》を受けている」という場合もあって、それで失敗する人もけっこう多いので、気をつけてください。

なお、原則《げんそく》は鏡《かがみ》と同じで、自分の心をピカピカに磨《みが》いていると、だいたい跳《は》ね返っていくものだということです。ただ、相手と同じ土俵《どひょう》に立つと、こちらのパンチも届《とど》きますが、向こうのパンチも入ってくるようにはなるので、土俵を同じにしないように努力しなくてはいけません。そのように、鏡をよく磨いていると、相手に跳ね返るのです。

「生霊」ないしは、「生霊が使う手下のようなもの」、陰陽師《おんみょうじ》で言えば「式神《しきがみ》」のようなものを、いろいろと使って攻撃してくる場合もありますが、それらを跳ね返す術《じゅつ》を身につける必要《ひつよう》があるわけです。

跳ね返す術とはどういうものかというと、やはり、「神仏《しんぶつ》と一体になるような心」になっていくことであり、「凪《な》いだ湖面のようでもある、磨き切った鏡のような心」を持つことです。

その鏡には、相手の悪魔のような姿《すがた》や、あるいは、動物の変化身《へんげしん》のようになって攻撃してきている姿が映《うつ》ります。そのように、相手の醜《みにく》さや、心のなかの「人を痛《いた》めつけたい」「滅《ほろ》ぼしたい」「人生を目茶苦茶《めちゃくちゃ》にしたい」などといった思いが映るように、「鏡返し」をかけるのが基本《きほん》なのです。

自分の心を磨いて、そのようになっていただきたいと思います。天照大神《あまてらすおおみかみ》などは、よく「丸い鏡」で象徴《しょうちょう》されていますが、あれは、「鏡のような心をつくりなさい」という教えでもあるわけです。そういう心を持っていれば、他からのいろいろな惑《まど》わかしを受けても、いつまでも、それにやられることはないはずです。

ただし、環境的《かんきょう》に、そうした惑わかしを受ける状態《じょうたい》が続くようなところに居続《いつづ》けなくてはならない場合には、それを解決《かいけつ》するための何らかの努力は要《い》るでしょう。それは、やはり、その人に対して意見を言ったり、その人の考えの間違いを指摘《してき》したりする人が必要かもしれません。

そういうことで、基本的には、「鏡の法《ほう》」で、かなり返せるものであると思います。私は、基本的にはそうしています。

実際《じっさい》には、いろいろな攻撃念や悪念も来るので、それに対して、論理的《ろんり》に反駁《はんばく》したり、攻撃したり、反撃したりしなければいけないこともあります。また、それを仕事としてやらなければいけないこともあります。しかし、それ以外のときには、そうした憎《にく》しみの根っこをあまり植えつけられないようにしなくてはいけないので、〝鏡〟で跳ね返すのです。

それは、「自分自身に返れ」ということです。そのように、恨みの念、猜疑《さいぎ》の念、「殺したい」とか、「破滅《はめつ》させたい」とかいった呪《のろ》いの言葉等を跳ね返していくことが極《きわ》めて大事ではないかと思います。

5 人間として成長《せいちょう》し、実力を高める

短期に行動を決するのではなく、持久戦《じきゅうせん》にも強くなる

霊障者《れいしょうしゃ》の立ち直りについての話をしてきましたが、基本《きほん》的には、人間として成《せい》長《ちょう》し、本当の意味において自己実現《じこじつげん》していく過程《かてい》において、人間力に段差《だんさ》がついてくるのです。段に差がついてくるわけです。

そして、相手との人間力に段差がついてくると、戦《たたか》わなくても勝負がつくようなところもあるので、もう一段、さらにもう一段、自分の実力を高めていくことが、基本的には大事なのではないかと思います。

あるいは、それを超《こ》えたもの、世間《せけん》全体を巻《ま》き込《こ》むような大きなものに関《かん》しては、個人《こじん》の力ではいかんともしがたいところはあります。しかし、そういう時期は長くは続《つづ》きません。

したがって、それを過《す》ぎ越《こ》すことを考えて、まずは、「各人《かくじん》が上手に盾《たて》で護《まも》る」、あるいは、「〝亀《かめ》の甲羅《こうら》〟のなかに入って過ぎ越す」ということも大事なことかと思います。

例《たと》えば、不況《ふきょう》等が起きても、それがいつまでもいつまでも続くわけではありませんので、そのなかで創意《そうい》工夫《くふう》をして、生き筋《すじ》を見つけ出していくことが大事なのではないでしょうか。

霊障になりやすい人というのは、えてして、短期で、短い間の考え方で行動を決しようとする傾向《けいこう》が強くありますが、持久戦《じきゅうせん》にも強くならなければいけないのではないかと思います。そのように、いつの間にか自分が成長していて、〝空《から》の袋《ふくろ》〟でなくなったときに、気がつけば、「自分を攻撃《こうげき》していた相手がいなくなっている」というようなこともあるでしょう。

したがって、むしろ、「まだまだ、自分の精進《しょうじん》や実績《じっせき》が足りないのだ」「徳《とく》が足りないのだ」と思って、自分の側《がわ》ではそちらのほうを蓄《たくわ》えていく努力《どりょく》をするとよいと思います。

道は無限《むげん》――仕事や人生の前進を、絶《た》えず願《ねが》い続《つづ》ける

世の中には「相性《あいしょう》」というものもあるので、相性の悪い人もどうしても出てきますが、それはしかたがないことです。すべての人に愛《あい》されはしません。愛を説《と》

いたイエスでさえ、すべての人に愛されたわけではないのです。やはり、その時点では敵《てき》が出てきたりもしています。したがって、それはしかたがないことです。価値観《かちかん》が絡《から》むことに関しては、敵が出てくることもあるでしょう。しかし、できるだけ誠実《せいじつ》に人生を生きて、跳《は》ね返すものは跳ね返していくことが大事なのではないかと思います。

もちろん、破折《はしゃく》できることもあれば、できないこともあります。ただ、神の心に照《て》らして「その行為《こうい》は間違《まちが》っている」と思うことに対しては、キチッと「間違っている」と言うことも大事です。私も、いろいろな生霊《いきりょう》や悪霊《あくれい》が来る場合があり、話をして撃退《げきたい》できることもありますが、できない場合は、本当に、〝電撃一閃《でんげきいっせん》〟ではありませんが、「天上界《てんじょうかい》からの電撃を降《お》ろして跳ね返す。追い出す」ということをする場合もあります。

道は無限《むげん》で、難《むずか》しいだろうとは思います。しかし、絶《た》えず、仕事や自分の人生を前進させることを願《ねが》い続《つづ》けることが大事なのではないでしょうか。「一定以上《いじょう》の悪は犯《おか》させてはならない」ということも、また、大事なことではないかと思います。

本章では、霊障者の立ち直りについて述《の》べました。

これには、「霊障者が自分たちに向かってくるので、それをどうにかしたい」という場合もありますが、「自分自身が霊障になる」という場合もあります。したがって、そのときの用心についても考えなければいけないわけです。

私自身の体験《たいけん》に照らして、思っていることを幾《いく》つか、普遍化《ふへんか》して述べました。今後の参考《さんこう》にしていただければ幸いです。

第3章

ザ・リアル・エクソシストの条件《じょうけん》

悪魔祓《あくまばら》いの霊的秘儀《れいてきひぎ》

1　エクソシストの本質《ほんしつ》とは

「心の世界の秘密《ひみつ》」を知っているかどうかの違《ちが》いは大きい

本章のテーマに関連《かんれん》する教えとしては、すでに『真のエクソシスト』という題の本を出しています。また、英日対訳《えいにちたいやく》の『The《ザ》 Real《リアル》 Exorcist《エクソシスト》』という、英語で法話《ほうわ》をし、日本語訳を付《つ》けたものも出しています。さらに、『How《ハウ》 to《トゥ》 Create《クリエイト》 the《ザ》 Spiritual《スピリチュアル》 Screen《スクリーン》』（結界《けっかい》の作り方）という本もまた、英語で法話をし、日本語と対訳にして出しています。

そのように、関連する教えは数多くあり、重なる部分もあるとは思いますが、ここで、もう一段《いちだん》深めてみたい

『真のエクソシスト』
（幸福の科学出版刊）

という気持ちもあるので、話をすることにしました。

ただ、言葉で語るのは限《かぎ》りなく難《むずか》しくて、届《とど》かないものがあります。やはり、体得《たいとく》しないかぎりは分からないものがあるので、「不立文字《ふりゅうもんじ》」の世界に近いかもしれません。「分かる人には一瞬《いっしゅん》で分かってしまうけれども、分からない人にはいくら長時間かけて説明《せつめい》をしたところで分からない」というものもあるのではないかと思います。

やはり、ある意味での修行《しゅぎょう》の世界でありますし、エキスパートの世界ではありますので、腕《うで》の差《さ》もあれば心境《しんきょう》の差もあり、「実戦《じっせん》で剣《けん》を取って戦《たたか》わなくても、相手を見ただけで分かる」というものもあるでしょう。

特《とく》に、「霊的《れいてき》世界との関係」ということでは、心の世界のことなので、「心のな

『The Real Exorcist』
（宗教法人幸福の科学刊）

『How to Create the Spiritual Screen』
（宗教法人幸福の科学刊）

かでどのように同通していくか、反発し合うか」というようなものも大きいのではないかと思います。

ですから、まことに不思議《ふしぎ》な世界です。地球の裏側《うらがわ》とでもすぐに同通していきますし、宇宙《うちゅう》の広々とした世界のなかにまで同通していくものがあります。

「心の世界の秘密《ひみつ》」を知ってしまえば、本当に、開《ひら》けば無限《むげん》となり、握《にぎ》れば一点となるという感じがします。「握一点《あくいってん》、開無限《かいむげん》」、つまり「握れば一点、開けば無限。開けば無限、握れば一点」という感じがするのです。

私自身は仕事として何十年も行《おこな》っていますが、不思議な感覚《かんかく》はいまだに尽《つ》きません。エクソシストについて書いてあるものを読んだり、つくっている映像《えいぞう》を観《み》たりしても、実感としてはあまりに違《ちが》うと感じるものが多いのです。似《に》ているものを感じることもありますが、やはり、「想像だけでつくっているもの」と「実《じっ》体験《たいけん》として知っているもの」との違いは大きいのではないでしょうか。そういう感じを受けています。

したがって、いくら説《と》いても説いても、ある程度《ていど》以上《いじょう》は届かないだろうと思うのです。本人がその心境というか、経験《けいけん》というか、確信《かくしん》のところまで届いていないかぎりは無理で、届かない人は永遠《えいえん》に届かないのではないでしょうか。

常《つね》に、悪魔《あくま》の嫌《いや》がる性質《せいしつ》を磨《みが》き続《つづ》けているか

幸福の科学で勉強して修行をしていると、ある程度、霊的になり、霊体質《たいしつ》になって、心境がよければ守護霊《しゅごれい》や指導霊《しどう》と話ができることもありますし、悪霊《あくれい》等を祓《はら》える場合もあります。ただ、それは相手にもよるということです。

まだそこまでの覚醒《かくせい》、目覚《めざ》めが進んでいない場合、ずっと上のほうの大天使、大如来《だいにょらい》、神様のような存在《そんざい》が降《お》りてくるかといえば、まだそこまでは行かないのが普通《ふつう》なのです。その間に、うぬぼれや慢心《まんしん》、高慢な気持ち等が先に出てくると、

修行がまだそこまで行っていないにもかかわらず、大神様《おおかみ》、大如来、大菩薩《だいぼさつ》のような気持ちになって、「同通できる」と思っていきます。すると、いつの間にか降りてくるものが入れ替《か》わり、すれ違ってきて、目に見えないものに操《あやつ》られるようになっていく場合もあるわけです。

このレベルで霊能者《れいのうしゃ》として仕事をしている人や、小さな宗教教団《しゅうきょうきょうだん》をつくっている人も数多くいます。

ただ、〝民主主義《みんしゅしゅぎ》の原理〟がいちおう働《はたら》く面はあります。たとえ客商売的に行っていたとしても、「何となく嫌《いや》な感じがするか、好《この》ましい感じがするか」というようなものは、みな持っていることは持っているので、悪いものに入れ替わってきて、それが常時《じょうじ》いるようなものに対しては、普通はだんだん足が遠のいていくはずですし、大きな教団になるのは難しいことのほうが多いように思います。

ところが、特殊《とくしゅ》な要因《よういん》で、何かニーズがあって人が集まってくることもあります。要するに、ご利益《りやく》を求《もと》めて集まってきたり、自分の罪《つみ》の許《ゆる》しが欲《ほ》しくて集まってきたりしているようなところもあるわけです。

そういうところでは、ときには、幸福の科学から見れば「邪霊《じゃれい》」と思われるものに支配《しはい》されている人が、大勢《おおぜい》の人に影響《えいきょう》を与《あた》えたり、一定の組織《そしき》を持ったりする場合もあります。

このあたりは、気をつけなければならないところでしょう。

結局、「真のエクソシストの条件《じょうけん》」といっても、「本当の姿《すがた》を自分が見られて、そして、相手が見られて、共存《きょうぞん》できるか」ということです。

それは、例《たと》えば、社会人として生活し、仕事をしていても、人と会って応接間《おうせつま》で話をしていても、こちらの思っていることを本当にすべて読まれ、お客さんとして来ている相手の本心や考えていることもすべて読まれたりして、それでもお付き合いできるかという状態《じょうたい》でしょう。もし、「そうであればお付き合いはできない」「一緒《いっしょ》にいることも嫌な感じがする」「二度とお会いしたくない」「明日《あした》も来てほしくない」という感じになれば、会えなくなります。現実《げんじつ》はそういうものなのです。

したがって、悪魔祓《あくまばら》い師《し》、降魔師《ごうまし》等、いろいろな役割《やくわり》はあると思うのですが、エクソシストの本質自体は、やはり、「常《つね》に、悪魔の嫌がる性質《せいしつ》を磨《みが》き続《つづ》けている人」ということになると思うのです。ここのところがなかなか難しいのです。

2 「人間の生存条件《せいぞんじょうけん》」と「悪魔《あくま》の攻撃《こうげき》条件」は不即不離《ふそくふり》

断食行《だんじきぎょう》をしていると、餓死《がし》した動物や人の霊《れい》と同通しやすい

ところが、この世の世界、三次元世界という、私たちが生きている物質《ぶっしつ》世界において、人間として生存《せいぞん》し、生活していくには、一定の条件《じょうけん》が必要《ひつよう》になります。これは、誰《だれ》であろうとも、すべてのことを逃《のが》れることはできません。必《かなら》ず一定の条件の下《もと》に生きています。

例《たと》えば、食べ物を食べないと生きていけませんし、水を飲まないと生きていけませんし、人間関係《かんけい》も、ある程度《ていど》はないと生きていけません。

また、現代《げんだい》では経済《けいざい》的な力もないと生きていけませんし、家、マンション、ア

パート等、どこか住む所も欲《ほ》しいだろうと思います。

さらには、仕事が続《つづ》けられるような環境《かんきょう》も要《い》りますし、肉体的に、病気や障害《しょうがい》などがきつくて、働《はたら》けなくなるような状態《じょうたい》にならないように維持《いじ》することも必要でしょう。

そのように、幾《いく》つかの条件に支《ささ》えられて、この世での適正《てきせい》な生存というものが可能《かのう》になってくるわけですが、人間が生活し、生存していく条件自体のなかには、「悪魔《あくま》が攻撃《こうげき》してくる条件」と不即不離《ふそくふり》、離《はな》れることができないものもあります。

例えば、宗教《しゅうきょう》で断食行《だんじきぎょう》をすることもありますが、実際《じっさい》問題として、一週間も断食をした人が、本当に高級霊《こうきゅうれい》を呼《よ》び、同通して話をすることができるかどうかというと、かなり難《むずか》しいものはあると思います。ほとんどは食べ物のことで、もう頭がいっぱいになっているだろうと思われるので、どちらかといえば、その心境に同通するもののほうが寄《よ》ってきやすいことは事実です。

動物にはそういうものも多いでしょう。冬枯《ふゆが》れの季節《きせつ》になると食物《しょくもつ》がないので、飢餓《きが》状態で死んでいく動物は、山にも森のなかにもたくさんいます。彼らは食べ物がなくなって死ぬ恐怖《きょうふ》を味わっていると思いますが、そういうものに通じることがあります。

また、人間であっても、そのような状態になった人はいるでしょう。例えば、戦時《せんじ》中に食料《しょくりょう》がない状態で戦《たたか》い続けて死んでいった人も、たくさんいるでしょう。その状態は、そう簡単《かんたん》には解消《かいしょう》されないものがあると思います。

もちろん、ある程度は真理の世界を知っていて、自分の死をわきまえて亡《な》くなっていったような人の場合であれば、その状態がそれほど長く続くとは思いません。しかし、自分の死をまだ理解できていないような人の場合は、地上の人が断食修行《しゅぎょう》をしていると、同通してくることはあるでしょう。

特《とく》に、山岳《さんがく》修行等で回峰《かいほう》行や籠山《ろうざん》行、断食行をしているような人には、過去《かこ》に同じような修行をしながら亡くなった人がたくさんいるので、そういう人たちが同通してきやすいと思います。

ところが、最初《さいしょ》のうちは、それが神の声や菩薩《ぼさつ》の声、如来《にょらい》の声、仏《ほとけ》の声に聞こえる場合もあるわけです。極端《きょくたん》にえぐれているもの、欠乏《けつぼう》しているものがあると、それが考え方を固定《こてい》してしまうので、気をつけなければならないところはあるでしょう。釈尊《しゃくそん》の言う「中道《ちゅうどう》」は、そういうものを十分に経験《けいけん》した上での教えではないかと思います。

「真のエクソシストの条件」と経済状態《けいざいじょうたい》の関係《かんけい》

また、宗教には古いものが多いので、清貧《せいひん》の思想的な教えを説《と》くところも数多くあります。

私は、決して、そのようなものに反対しているわけではありません。どちらかといえば、修行時代等には、ある程度、「清貧の思想」はあってもよいのではないかと思います。

今は格差《かくさ》社会や貧困《ひんこん》等を問題にする人も多いのですが、極度の貧困や物不足、お金不足等を少年時代・青年時代に経験《けいけん》すると、客観《きゃっかん》的には犯罪《はんざい》の世界に巻《ま》き込《こ》まれることがとても多いのです。また、富《と》んでいる者をうらやむことも多いため、ある程度の経済《けいざい》的安定を目指すことは大事なことであるとは思います。

やはり、「欠乏」から、犯罪であっても肯定《こうてい》されていくわけです。東京の街《まち》を歩けば、どこにも物が溢《あふ》れているでしょう。そのなかで、「自分が食べていない」「家にお金がない」などという状況《じょうきょう》であれば、「物が溢れている人たちから少しぐらい盗《と》ったって、何も悪いことはないだろう」という気持ちにもなるのは、分かるような気がします。また、そういうものを肯定するような映画《えいが》やドラマ等もよくあるので、そのあたりは難しいところがあるのではないかと思います。

ただ、いずれにしても、あまり天国的なものではないと思わなければならないでしょう。

かといって、「親が出世した」「お金持ちだ」「先祖《せんぞ》代々の地主《じぬし》だ」「財閥《ざいばつ》だ」など、お金が溢れているようなところであっても、ある意味で堕落《だらく》しやすいことも事実です。

小さいころから物が溢れすぎていると堕落したり、お金が溢れすぎていると「働いて稼《かせ》ぐ」ということの意味が分からなくなったりもします。また、他力《たりき》というか、ほかの力に頼《たよ》りがちになったり、貧《まず》しい人や普通《ふつう》に働いている人たちを小馬鹿《こばか》にしたり見下したりする傾向《けいこう》も出てきます。これも残念《ざんねん》ながら危険《きけん》な面はあると思います。

私自身は、少年期・青年期は本当にごくごく普通の生活を送っていました。ベンジャミン・フランクリン的な「時は金《かね》なり」「タイム・イズ・マネー」といった考え方を学び、時間を有効利用《ゆうこうりよう》して経済的な利益《りえき》に変《か》えていくような努力《どりょく》をしてきました。それで、生活費や勉強する費用、本代などを稼ぐことの大事さを身に沁《し》みて経験したところがあります。

ただ、そういうことを考えながら生活していたものの、私自身が実際に他人《ひと》の持つ物件《ぶっけん》である賃貸《ちんたい》の「六畳一間《ろくじょうひとま》」からやっと出られたのは三十歳《さい》のときでした。本を買っても置《お》き場所に限界《げんかい》がありましたし、買える本にも限界があったわけです。場所が狭《せま》く、資金《しきん》的にも限界があれば、「買った本はできるだけ読んでしまわなければならない」というようなところもあったと思います。

一方、最初から本などを買うお金がたくさんある場合、例えば、「親が死んで遺産《いさん》が一気に入り、何億《おく》円も持っている」ということになったら、大きなマンションをポンと買えるし、本もいくらでも買えるでしょう。本を並《なら》べているだけでもインテリになったように見えますし、そう見せることもできるわけです。

もちろん、そうした富《とみ》によって学問的な業績《ぎょうせき》等を早くあげることができた人もいるとは思います。「親が学者だった」「祖父から三代続いての学者だった」というような場合には、そういう知的蓄積《ちくせき》によって早く学者になれることもあることはあるので、それが功《こう》を奏《そう》することもあるでしょう。

しかし、単なるディレッタント（好事家《こうずか》）、虚飾家《きょしょくか》になってしまい、知を衒《てら》い、見せるだけで、本当に徳《とく》ある人格や、世の中に対する奉仕《ほうし》、あるいは改善《かいぜん》活動につながっていかない人もいることは事実です。

このあたりも難しく、物事には何でも両面があるので、気をつけなければいけないと思います。

特に、お金で毎日困《こま》っているような人が、「清貧《せいひん》の思想」に耐《た》えて、堅実《けんじつ》に少しずつ前進しながら努力して、「神仏《しんぶつ》もご照覧《しょうらん》あれ」というほどに、この人を見ていると、「なるほど」と納得《なっとく》するような努力をしているというならば、悪の手先になることも少ないだろうとは思います。

一方、そうした苦労《くろう》をしているなかに、「ひがみ心」や「嫉妬心《しっとしん》」、「怒《いか》りの心」、「犯罪性《はんざいせい》」といったものが芽生《めば》えてきたら、若《わか》くても、例えば、十代の後半あたりでも、十分、不良《ふりょう》・非行《ひこう》に走る人もいます。非行少年、不良少年たちが犯罪に走り、まとまって犯罪をすることもあるのです。

このあたりを踏《ふ》まえると、やはり、「真のエクソシストの条件」「ザ・リアル・エクソシストの条件」としては、人間性があまりにねじ曲がるような貧困状態《ひんこんじょうたい》等に長くあることは、よろしいことではないと思います。

悪魔は、〝過去《かこ》の自分の傷口《きずぐち》〟や異性《いせい》問題を狙《ねら》ってくる

ただ、歴史《れきし》的には、宗教の教祖が目覚《めざ》めるときには、貧困や大病、肉親の死などを契機《けいき》として、「宗教の道」「悟《さと》りの道」に入る場合もあるので、長い目で見なければ全体は分からないところはあります。そうではありますが、客観的に見て、堕落し、犯罪性を帯《お》びるような環境のほうに追い込まれていくときというのは、けっこうな逆風《ぎゃくふう》なので、そのなかで前に進むには、そうとうな覚悟《かくご》と実力が必要ではないかと思います。

そういう意味では、金銭《きんせん》的、経済《けいざい》的な欠乏や、病気、障害といった健康《けんこう》の欠乏、あるいは身内の病気や死、肉親の死等によって、心が非常《ひじょう》にえぐれたり、立ち直れなかったり、回復《かいふく》不能の状態になったりすることもあるでしょう。

現実には、子供《こども》時代に片親《かたおや》が亡くなったり、両親が亡くなったりする場合もあるでしょうけれども、全員が全員、悪人になるわけではありません。そのようななかでも、きちんと立ち直って、立派《りっぱ》な家庭を築《きず》き、仕事をする人もいます。ただ、それを言い訳《わけ》にして、自分自身が悪い人間になることを肯定するような人もいます。このあたりは、よく気をつけたほうがよいでしょう。

悪魔との戦いに入るときに、「最終的に、魂《たましい》のルーツというか、自分の歴史のなかで、どうしても抜《ぬ》きがたい〝棘《とげ》〟なり〝針《はり》〟なり、そういうものが刺《さ》さっていて、これがネックで引っ掛《か》けられている」といったことが分かる場合がありま す。「もう過去《かこ》のことだ」と思っていても、気をつけないと、それが棘のように刺さっているために、「悪魔が、どうしてもそこに引っ掛けてくる」というときがあるのです。

こうした意味でも、「反省《はんせい》」というものは、そこまで十分に及《およ》んでいかなければいけません。過去に向かって、自分のいろいろな出来事に対して、「どう対応《たいおう》したか」「どう対処《たいしょ》したか」「それについて、どのように考えていったか」、こうしたところまで遡《さかのぼ》って、きれいに磨《みが》いていかないといけません。

そうしないで、「今のところ、表面的にはうまくいっているので」ということで、これで相手をしているうちに、だんだん向こうが手強《てごわ》くなってくると、そうした〝過去の自分の傷口《きずぐち》〟にナイフを刺し込んでくるような戦い方をされることもあるのです。

同じようなことは、やはり、「異性問題《いせいもんだい》」においてもあります。

異性問題でまったく傷ついたことがない人というのも、非常に珍《めずら》しいだろうと は思います。何らか傷ついたり、振《ふ》ったり振られたり、破綻《はたん》になったり、あるいは、家族問題で駄目《だめ》になったり、経済問題で駄目になったり、学業と絡《から》んで駄目になったりと、異性問題が絡んで新しいカルマができる人も多いと思います。

これは、ある意味では、ほとんどの人が何らかのかたちで引っ掛かるものであり、釣《つ》り堀《ぼり》の魚並《な》みに、一回や二回は釣られていないとおかしいというか、「針の跡《あと》は痛《いた》かったよ」「餌《えさ》が欲《ほ》しいと思って食いついたら、ほっぺたに刺さったのは針だった」といった感じのものです。この痛みは、みな少しは持っているのではないでしょうか。忘《わす》れている場合もありますが、魂の傾向性としてはそういうものもあるだろうと思います。

実は、こういう異性の問題は、霊能の世界で、特にエクソシストもの、つまり、悪魔祓《ばら》いが絡んでくると、とても大きな問題になってくることがあります。やはり、「いちばん大きな攻撃ポイント」として狙《ねら》われるところでもあるのです。

これは、そう簡単に抜けがたいものであり、自分一人ならどうにでもなると思うけれども、対人関係《かんけい》で相手がある場合というのは非常に難しいものです。

悟《さと》りの道に入《はい》りし者は、人間関係《かんけい》でのつまずきを恐《おそ》れるべき

簡単に言うとするならば、どうでしょうか。

例えば、自分が、学問的な勉強でもよいし、仏法真理《ぶっぽうしんり》的な勉強でもよいし、修行でもよいのですが、そういったことをしているときに、自分を無《む》条件で愛《あい》してくれ、励《はげ》ましてくれる人が近くにいるということが、大きな浮力《ふりょく》になって頑張《がんば》れ

ることもあります。そのようにプラスに働くことも多いし、そういうときには一人で戦うよりも強いこともあります。

ただ、同じく人間関係《かんけい》としては、それがうまくいかなくなることも当然《とうぜん》あって、協力《きょうりょく》してくれた人、自分に〝浮力〟を与《あた》えてくれた人が、今度は、何らかの「つまずきの種《たね》」になることが出てくるのです。特に宗教的なものの修行をしていると、つまずきの種になってくることがあります。

やはり、どのような人にも、心のなかに利害関係というか、損得勘定《そんとくかんじょう》があるので、修行をしていること、仏法真理の勉強をしていること、あるいは、学業や真理のために打ち込んでいることが、相手の利害と一致《いっち》しているときはうまくいくと思います。ただ、それが一致しなくなることもあるでしょう。そういうときに大きく崩《くず》れてくることはあります。

例えば、ある女性が、真理のために一生懸命《いっしょうけんめい》勉強している男性を好《す》きになって、よい関係になり、「優秀《ゆうしゅう》な人だから」ということで、彼女の家族もある程度、応《おう》援《えん》してくれていたとします。

しかし、彼女の親のほうに一定の目的《もくてき》があり、「彼が医学部に行って医者になってくれるのであれば、理想的なカップルになって、後を継《つ》いでくれるかもしれない」といったような欲《よく》を持っていたら、彼がそちらの道ではないほうに進んだ場合、とたんに家のほうの問題が起きてきて、この恋愛《れんあい》関係が破綻することもあるでしょう。

あるいは、親が弁護士《べんごし》や裁判官《さいばんかん》など法曹《ほうそう》関係の仕事をしていて、「子供の相手は法学部の人だからいいだろう」と思っていたら、全然違《ちが》う方向に進んでしまったとなると、プラスだったものがマイナスに働き始めるようなこともあるはずです。

また、あまり考えていなかったけれども、職業《しょくぎょう》として、実際に宗教家といった職業が自分のなかに出てきたところ、相手の親がマスコミ関係の仕事に就《つ》いていたら、どうでしょうか。

もちろん、マスコミといってもいろいろあるので一概《いちがい》には言えません。マスコミをやっていても、宗教心のある方や心が穢《けが》れていないタイプの方もいますが、「売らんかな」のために、事件を捏造《ねつぞう》してでもつくり上げて記事を書いたり、報道《ほうどう》したりするようなタイプのなかに入っていると、たちまち具合が悪くなってくることもあります。

そのようなこともあって、「人間関係の問題」からはなかなか逃れられないことになるので、やはり、「悟《さと》りの道に入《はい》りし者は、人間関係でつまずくことは恐《おそ》れなければならない」ということです。

そのため、本来は陽気で人付《ひとづ》き合いもよく、明るくて積極《せっきょく》的で、さまざまな人との人間関係をつくれるようなタイプの人であっても、一定の修行期間の間には、逆に人間関係を狭《せば》めなければいけないときもあります。いろいろな人と〝ツーカー〟で会っていると、それに合わせなくてはいけなくなって修行が進まなくなることもありますし、さらに、男女関係の問題まで入ってくると、もっと難しくなってくるのです。

3　悪魔《あくま》が最後《さいご》まで攻《せ》めてくる「名誉心《めいよしん》」と「嫉妬心《しっとしん》」

教団《きょうだん》の発展《はってん》に伴《ともな》う事務所移転《じむしょいてん》に反対した、初期《しょき》の協力者《きょうりょくしゃ》

今まで自分を応援《おうえん》してくれていたような人が急に手のひらを返したようになるというのは本当に残念《ざんねん》なことですが、「自分は純粋《じゅんすい》な信仰者《しんこうしゃ》だ」と思っているような人であっても、欲《よく》を持っているのです。そのなかで最終的《さいしゅう》に残《のこ》るものは何で

しょうか。

「お金もあまり関係《かんけい》ない」とか、「結婚《けっこん》もしなくてもよい」とか、そういう、この世的なものを捨《す》てて熱心《ねっしん》にやっているように見えても、「名誉欲《めいよよく》」だけは、最後までなかなかなくならないことがあります。

例《たと》えば、宗教《しゅうきょう》なら宗教のなか、教団《きょうだん》のなかで、自分が名誉ある地位《ちい》を占《し》められないと、とたんに暴《あば》れ始めたり、逆《ぎゃく》に弓を引いたりする人が出るということは、過去《かこ》三十数年の間に、もう何度も何度も経験《けいけん》しました。「なぜ、こんなに単純《たんじゅん》に、こんな〝単純な方程式《ほうていしき》〟に引っ掛《か》かるのかな」と思うぐらい、信じられないことでした。

今、幸福の科学に集《つど》っているみなさんが聞いたらお笑《わら》いになると思いますし、世界百六十四カ国以上《いじょう》（二〇二一年十月時点）で活動している現在《げんざい》の幸福の科学から見たら、ありえないと思うでしょうが、過去には、次のようなこともありました。

初期《しょき》のころ、つまり、私が会社を辞《や》めて幸福の科学を始めるころは、「できるだけ資本金《しほんきん》なしでやろう」と思っていたので、最初の熱心な信者の家の六畳一間《ろくじょうひとま》を借《か》りて事務所《じむしょ》を開き、会を始めました。

ところが、その人が考えている規模《きぼ》というものがあって、自分の家の一つ余《あま》っている六畳一間に外階段《そとかいだん》を付《つ》けて開いた事務所で、一生やれるものだと思っていたのです。

それは、もちろん善意《ぜんい》で、「タダでもいいから使ってくれ」と言って貸《か》してくれたものですが、「六畳一間から、それ以上大きくならない宗教」というのは、ずいぶん小さい宗教でしょう。

私のほうは、会社を辞めたばかりのときなどは気が弱いので、「何でも、潰《つぶ》れないのがいちばん」と思っていたのです。

実は、事務所を開くちょうど一年前に父親と兄が塾《じゅく》を始めていて、すでに一年たっていましたが、採算《さいさん》は完全《かんぜん》に赤字になっており、潰れるのは「秒読み」というか、計算がつくような状況《じょうきょう》でした。

そのため、こちらは、できるだけ堅実《けんじつ》にやり、お金を使わないようにして始めないと危《あぶ》ないと思って、幸福の科学を始めていたのです。

ただ、最初は好意《こうい》でもって部屋を使わせてくれて熱心に協力《きょうりょく》していた人でも、半年後ぐらいに、近所の同じ町に約十五万円で三十畳ぐらいの地下の場所を借りて、その六畳一間から事務所を移《うつ》すことになったら、とたんに関係が悪くなってきました。

何せ、自分が住んでいる所であれば、自分が仕切ることができて意見を言ったりできるのが、ほかの所に事務所を借りて人を雇《やと》い、事務局長などを置《お》いたら、それができなくなるので、とたんに反対してガタガタと揉《も》め始めたのです。

また、その半年後ぐらいに、今度は、駅前の五十畳ぐらいのもう少しよい所を借りて、そこへ事務所を移したら、もっと悪化しました。

同一町内にいるうちはまだよかったのですが、「丸《まる》の内《うち》に進出」というような感じで移動を開始したら、もう「口もきかない」どころではなくて、あちらに何かを届《とど》けても、送り返してくるというぐらいの感じになったのです。

「なぜ、こんな単純なことが分からないのだろうか」と、こちらとしては思うのですけれども、幸福の科学をやっていたら、大きくなってくるのは当たり前のことでしょう。私は、もともと、もっと大きなかたちで会社では仕事をしていたので、幸福の科学も最初は小さくやって、だんだん大きくしていこうとしていただけだったのです。

そのため、人を入れたり、場所をだんだん大きくしていったりするのは当たり前のことなのですが、そういうことが裏切《うらぎ》りに見えたのだと思います。「自分は一生、幸福の科学のリーダーで仕切れるものだと思っていたのに、足元をすくわれた」というように思ったわけです。しかし、そちらについていく人はいないでしょう。ごく一部の、その人と昔から付き合いのある人で、「幸福の科学が始まったので、しかたなく手伝《てつだ》った」というような人は少しはいましたが、そういう人はともかく、一般《いっぱん》にあとから来る方々には関係のないことであって、当然《とうぜん》、自分たちが教団として発展《はってん》していくのにふさわしい環境《かんきょう》を必要《ひつよう》とします。

こういうときに葛藤《かっとう》が起きて、魔《ま》もやはり入ります。

その人個人《こじん》が、「今までどおりの生活をしているうちは入られない」というレベルの修行《しゅぎょう》はしていたとしても、環境が変《か》わって、最後に「名誉心」のところを攻《せ》められると、そのようになります。

身内や友人など、密接《みっせつ》なつながりのあった人との関係《かんけい》の難《むずか》しさ

同じようなことを、私は家族でも経験したことがあります。

子供《こども》も数は多かったのですが、みな同じ環境で育っていて、最初は「お世話をしてもらっている側《がわ》」でした。ただ、教団が大きくなってくると、子供たちが大きくなるほど、だんだん厳《きび》しくなってくる感じはありました。

今まで、大勢《おおぜい》の人がお手伝いをしてくれていて、「自分に仕えるのが周《まわ》りの人たちの仕事だ」と思っていたのが、自分のほうが「外へ出て新入社員のように働《はたら》け」という感じで言われるようになると、急に、「今までとかなり話が違《ちが》う」というように感じる子供も出てきたりもしたので、もう一回仕切り直すというのは、それほど簡単《かんたん》なことではありません。

これについては、社会全体の仕組みや考え方、「他人《ひと》はどのように思うのか」などが見えなければ駄目《だめ》なのです。しかし、そのあたりのことは教科書には書かれていないことなので、「これを肌感覚《はだかんかく》で感じ取って、切り替《か》え時期だなと分かるかどうか」は、「人間として賢《かしこ》いか、賢くないか」といったことに関係《かんけい》があるだろうと思います。

異性《いせい》の問題は特《とく》にそうですが、異性や身内、友人、親戚《しんせき》など、密接《みっせつ》なつながりのあった人との関係については難《むずか》しいものです。先に述《の》べたことは、特に宗教を始めた場合の例《れい》でしたが、実際《じっさい》は宗教をやらなかったとしても、霊能者《れいのうしゃ》としての仕事を何か続《つづ》けていたら起きたことであろうとは思います。

それぞれの人に自由意志《いし》がありますが、「総裁《そうさい》のすぐ近くにいる」「自分が片腕《かたうで》だ」「右腕だ」「左腕だ」とか、「自分が支《ささ》えている」「大黒天《だいこくてん》だ」「自分のほうがちょっと先輩《せんぱい》なので教えている」とか思っていたような人でも、教団が成長《せいちょう》してくると、だんだんに居場所《いばしょ》が違ってくるので、遠くなってきます。すると、やはり暴れるのです。

これについては、おそらく、企業《きぎょう》をつくって急成長させた方なども同じ経験をしているだろうと思います。霊的な部分が見えないだけで、客観《きゃっかん》的状況としては同じことが起きているだろうとは思うのです。

ですから、こういうときには、「名誉心の問題」と「嫉妬心《しっとしん》の問題」は出てきます。

異性《いせい》の問題は「永遠《えいえん》の課題《かだい》」のように残《のこ》る

また、男女の問題の場合は、何だかんだと言っても、やはり、欲は出てくるものです。

初期のころ、私は独身《どくしん》で幸福の科学を始めていたのですが、郷里《きょうり》にいる母は、「先生が独身のうちは一生懸命《いっしょうけんめい》手伝ってくれるけれども、結婚したらコロッと態度《たいど》が変わって、急に悪口を言ったり、攻撃《こうげき》したりする人がたくさん出てくるから、気をつけたほうがよい」とか、「自分が持っている貯金《ちょきん》の額《がく》は、決して周りには教えてはいけない」とかいうようなことを言っていました。だいたい〝兵糧《ひょうろう》〟がどのくらいあるかが分かれば揺《ゆ》さぶれるので、そういうことを教えてはいけないということです。

このあたりは、「世間解《せけんげ》の問題」だろうと思います。

確《たし》かに、結婚すると、周りにいる人で今まで協力的だった人が、急に批判《ひはん》的になったり、攻撃的になったりすることはあったので、難しいことだと思います。それほど客観的に言えるものではないでしょう。「ああ、どうぞ」といった感じには、なかなかならないものです。そういうこともあります。

それは、異性間《いせいかん》でもありますが、同性間でもあります。

「真理の伝道《でんどう》をしようとしているから、せっかく手伝いに来たのに、結婚して家庭を持つつもりか。こんなのおかしいじゃないか」と言うような男性も、特に年上の人などには多かったのです。

そのように難しいものであって、異性のところは「永遠《えいえん》の課題《かだい》」のように残《のこ》るのではないかと思います。

4 悪魔祓《あくまばら》いと異性《いせい》問題の関係《かんけい》

「悪魔祓いのパワー」が出やすい食べ物と、その問題点

特《とく》に問題が大きいのは、次のようなところです。

現実《げんじつ》にエクソシストをしようとするとき、つまり、悪魔祓《あくまばら》いをしようとするときには、ある程度《ていど》の精力《せいりょく》というか、「霊的《れいてき》パワー」が必要《ひつよう》になります。

例《たと》えば、病気から立ち直るときには、「元気がつくものを食べて」などとよく言うでしょう。「ステーキやバナナなど、栄養《えいよう》のつくものを食べて元気を出す」ということがありますが、それと似《に》たようなところがあるのです。

やはり、悪魔祓い、あるいは悪霊祓《あくれいばら》いをするときというのは、けっこう体の力が満《み》ちていないと、追い払《はら》ったりする力にならないのです。ですから、同じようなものが効《き》きます。

ドラキュラ映画《えいが》などでは、よく、ドラキュラがニンニクを嫌《いや》がりますが、この世界に入って、それが本当によく分かるようになりました。以前《いぜん》は、「ニンニクを食べると臭《くさ》いから、首を噛《か》んで血を吸《す》おうとしたときに、あまりの臭さにドラキュラが逃《に》げるのかな」などと思っていたのです。

確《たし》かにそれもあるかもしれませんが、通常《つうじょう》、ニンニクを食べると風邪《かぜ》でも治《なお》るような、風邪菌《きん》が飛《と》ぶようなところがあるように、力が湧《わ》いてきます。その類似《るいじ》品《ひん》は、ほかにもニラやレバー、タマネギ、ネギなどがありますし、精力がつくようなものとしては、仙人系《せんにんけい》のいろいろなものもあるでしょう。

また、いわゆる「普通《ふつう》の食べ物」のなかにも元気が出るようなものはあって、ウナギを食べるとか、ステーキを食べるとか、トンカツを食べるとか、いろいろなものがあると思います。

こうした力、「カッと体がエネルギーに満ちて、力が出てくる感じ」、「カーッと熱《あつ》くなるような感じ」というのは、悪霊祓いのときに実際《じっさい》に使えるのです。「その力があれば祓えるけれども、くたびれ果《は》てていると祓えない」ということは現実にあるので、本当に同じ力なのです。

肉体条件《じょうけん》としては、悪霊《あくりょう》をすっ飛ばせる力があるということは、同時に、非常《ひじょう》に精力的な状況《じょうきょう》を意味します。スポーツ選手《せんしゅ》ができるような強さや、バリバリの営業《えいぎょう》マン、サラリーマンができるような力と似たようなところがあるのです。

ただし、日常的にそういう食生活をしていると、性欲《せいよく》のほうも非常に強くなってくるため、そうすると今度は、「異性《いせい》の誘惑《ゆうわく》」もまた強くなってきます。

異性への欲《よく》を節《せっ》し、できるだけ善用《ぜんよう》・善転させていく努力《どりょく》を

異性の誘惑というのは、若《わか》いころ、私もずいぶん恐《おそ》れたものではありますが、これは、「マンホールの穴《あな》に落ちて、あっという間に地獄《じごく》に堕《お》ちる」というようような感じのものではありません。蜘蛛《くも》の糸に少しずつ巻《ま》かれていくような感じのもの、あるいは、バケツの水にインクを一滴《てき》一滴落としていって、だんだんにバケツの水が、飲み水にも洗濯《せんたく》用にも、何にも使えなくなっていくような感じのものなのです。

ですから、「何か一つに引っ掛《か》かったら全滅《ぜんめつ》」という感じのものではありません。

もちろん、そこまで行ってしまう人もいることはいます。一回の異性との遭遇《そうぐう》で人生が目茶苦茶《めちゃくちゃ》になる方もいますが、それは、車の運転をして、いきなり事故《じこ》

を起こすのと同じでしょう。慎重《しんちょう》さを欠《か》いていれば、そういうことになるとは思います。

ただ、一般《いっぱん》的には、だんだん、だんだん、蜘蛛の巣《す》にかかるように糸が巻かれていくか、あるいは、インクを一滴ずつ落としていくようなかたちで染《そ》まっていくので、すぐに全部が駄目《だめ》にはならないのです。

しかし、肉体が頑健《がんけん》で精力絶倫《ぜつりん》系になると、異性関係《かんけい》のほうに対する妄想《もうそう》や欲《よく》も強くなってくるので、このあたりが難《むずか》しいのです。

特に若い人の場合は、年齢《ねんれい》上、しかたがない面もあります。まだ結婚《けっこん》もできないような年齢のときに性欲などが非常に強くなる場合もあるので、なかなかうまくいかないこともあるのですが、年を取ってくると、だんだんおとなしくなってくるところはあるわけです。しかし、年を取ったころには仕事ができなくなってくるので、若くて精力的なときのほうが仕事はできるというのは、間違《まちが》いありません。

いわゆる〝仕事エネルギー〟があるときと、女性によくモテたり、繁華街《はんかがい》などでお酒を飲んで豪遊《ごうゆう》したりするような時期とが重なることもあるかと思います。こうした時期に、どのように努力《どりょく》して、そうした欲を節《せっ》するか、そして、できるだけ善用《ぜんよう》・善転させていく努力ができているかどうかは、大きいのではないかと思うのです。

酔《よ》っ払《ぱら》っていると悪霊《あくれい》を祓《はら》えず、高級霊を呼《よ》べない

「アルコール」についても、すでに何度も話をしたことはありますが、私はアルコールに弱いほうなので、遺伝子《いでんし》的に強い人は、感じ方が多少違うとは思います。

私は、霊道《れいどう》を開いて、高級霊をすぐに呼《よ》べるような体質《たいしつ》になっても、会社勤《づと》め

をしているときは、やはり、付《つ》き合い上、夜の食事やお酒等に付き合わなければいけないときもありました。

しかし、アルコールが入ると、大して飲んではいなくても、夜中に家へ帰って高級霊を呼ぼうとしても出てこないのです。自分の守護霊《しゅごれい》から、普段《ふだん》出てくるような方々まで、呼ぼうとしてもつながりません。電話がつながらないのとまったく同じで駄目なのです。アルコールにやられていると、まずつながりませんでした。

一方で、悪霊《あくれい》や低級霊《ていきゅう》のようなものはすぐに来ました。スポッと憑依《ひょうい》されやすくなり、もし行った場所が悪ければ連《つ》れて帰ってくるようなこともあって、これが祓《はら》えないのです。酔《よ》っ払《ぱら》っている状態《じょうたい》、泥酔《でいすい》している状態だと、憑《つ》いているものを取り払えないし、祓うために高級霊を呼ぼうとしても呼べないという状態が、はっきりと出てきました。こうなると、もう、お酒が抜《ぬ》けるまで休養を取り、醒《さ》ますしかなかったのです。

ただ、必要上、しかたがないこともありましたし、また、仕事関係では悪霊憑きの人とたくさん会わなければいけないこともあり、選《えら》べないわけです。そういう人がいないところに行きたくても行けないし、失礼《しつれい》になるので、どうしても仕事上、しなければいけないこともあります。

特に、霊能者《れいのうしゃ》になってくると、悪霊が憑いている人に相対《あいたい》すると、見てすぐに顔色が変《か》わってしまいます。「あっ、これは憑いているな」とか、「五体憑いている」とかいうことがパッと分かるので、その状態で、一時間、二時間と一緒《いっしょ》にいるのは苦しいことです。

特に職場《しょくば》では、近距離《きんきょり》に座《すわ》っていて席《せき》の移動《いどう》は自由にはできませんし、向こうが先輩《せんぱい》や上司《じょうし》だった場合には、「変えてくれ」とも言えません。それは、こちらが嫌《きら》っているようにしか見えないわけです。

また、残念《ざんねん》ながら、向こうが干渉《かんしょう》してくるのをなかなか止められないのです。仕事をしていても、前や横、斜《なな》め前あたりに座っている人に憑いている悪霊が、いろいろと話しかけてくるので、たまったものではありません。もう本当に、「やれるものなら、やってみろ」と、みんなに言いたくなります。

それも、前の晩《ばん》に多少酒を飲まされて、朝は睡眠不足《すいみんぶそく》で少し調子が悪いのに、会社に来て英語《えいご》関係の仕事をしたり書類を読んだりするのは、それだけでも大変《たいへん》です。さらに、向かいから、憑いているものが「よっこらしょ」とやって来て話しかけてくるわけです。「もう自分のことぐらい、自分で処理《しょり》してください」と言いたくなるほどですが、何だかんだと、ネチネチと〝いちゃもん〟をつけてくるので、本当に仕事などできやしません。ですから、このようなものと心のなかで格闘《かくとう》し、追い払いながらやっているという感じでしょうか。

こちらの顔相《がんそう》もやや悪かろうとは思いますが、顔を見ても目を合わせても、

「この人は、なんてろくでもないことを考えているんだ」と、こちらも思っているため、人によっては相性《あいしょう》がすごく悪くて、好《す》き嫌いが激《はげ》しく見えるようなこともありました。そのあたりの難しさは、どうしても出てきます。

キリスト教、イスラム教、仏教《ぶっきょう》における異性・同性問題

古くからいろいろな宗教《しゅうきょう》で言われている、「自制心《じせいしん》」や「戒律《かいりつ》」にかかわることはたくさんあります。それらは経験知《けいけんち》から来ているものなので、全部が全部、ある人に当てはまるとは限《かぎ》りませんが、「一般的に、こういうことで転落したり失敗《しっぱい》したりすることが多い」ということを言っているのではないかと思います。「全部が全部、それで駄目」というわけではありませんが、一般的に転落しやすい部分を言っているのではないかと思うのです。

こういうことは、宗教的にもこれから問題になってくるでしょう。二〇二〇年

以降《いこう》、激しくなるかもしれません。

例えば、アメリカでは、大統領選《だいとうりょうせん》における民主党《みんしゅとう》の候補《こうほ》を選ぶ選挙《せんきょ》などをしていましたが、最初《さいしょ》の選挙区では、〝夫《おっと》がいる〟という男性の候補者がトップになりました。候補者とその夫が一緒に選挙運動をしていたようで、これは、やはりどう見ても、「大丈夫《だいじょうぶ》なのか？」という感じがしないわけではありません。もちろん、そういう人がいてもよいとは思います。ただ、率直《そっちょく》に言って、大統領候補として出られるほど、公然《こうぜん》といられるものなのだろうかという感じはするのです。

こうしたことを敵視《てきし》しているイラン側《がわ》は、おそらく、「堕落《だらく》の果て」と見ているでしょう。そして、「そういうことが起きないように、こちらは男女をしっかりと分け、女性は、人前ではなるべく素顔《すがお》を出さないようにしている。例えば、女性が歌を歌う場合、観客《かんきゃく》が女性だけの場合はよいけれども、男性がいるところでは、ちゃんと見えないようにして、欲望《よくぼう》をそそらないようにしなければいけない。そういう伝統的に教えてきたことは、正しいことなのだ。それでこそ、男女の距離があって、惹《ひ》かれ合って結婚ができるのだ。すべて何でもありの世界になってきたら、たいていは、いろいろな道に逸《そ》れていく人がたくさん出てきて、おかしくなるのだ」というような意見や反論《はんろん》も出てはくるでしょう。

しかし、同じ日の別《べつ》のニュースを見てみると、今度はそのイスラム教に関連《かんれん》して、エジプトで起きた割礼《かつれい》に関する記事が載《の》っていました。イスラム教には女性の割礼というものもあり、十二歳《さい》の少女が、両親に連れられて病院で受けさせられたところ、出血多量《たりょう》で死んでしまい、両親が殺人罪《さつじんざい》で逮捕《たいほ》されるというようなことがあったというのです。

イスラム教は、『コーラン』という神の教えと、『ハディース』というムハンマドの言行録《げんこうろく》等で出来上がっているようなものですが、この『ハディース』のなかには、男性に割礼があるように、女性にも割礼があることが書かれています。

ただ、それは、純粋《じゅんすい》にイスラム教で始まったわけではなく、起源《きげん》は数千年ほど前に求《もと》められ、アフリカで始まったものらしいのです。貞操《ていそう》を義務《ぎむ》づけるような儀式《ぎしき》としてアフリカで始まったようであり、それが砂漠地帯《さばくちたい》に入ってきて、イスラム教よりも前の、ユダヤ教のほうにもあったものだと思います。

こういうものを、人権《じんけん》問題だとして世界で反対している女性団体《だんたい》等もありますが、そういう死亡《しぼう》事件が起きたのでニュースになっていました。

このように、イスラム教でもそういうことが問題になっていますが、キリスト教のほうは、今度は緩《ゆる》すぎて「何でもあり」になってきています。すると、ここでのぶつかりが当然起きてくるので、何らかの解決《かいけつ》をしなければいけないとは思っています。この異性問題と同性問題があるわけです。

仏教《ぶっきょう》は、釈尊《しゃくそん》が立てた戒律を見るかぎり、出家者《しゅっけしゃ》に関しては、同性愛《あい》はいちおう禁《きん》じられていますし、それから、今バイセクシャルといわれるようなパターンも禁じられています。いわゆる「中性」を描写《びょうしゃ》している表現があり、それを見ると、そういう人間が本当にいるのかどうか、私もちょっと分からないのですが、そういう人も出家は禁じられていました。在家《ざいけ》がどうであったかは分かりませんが、尼僧団《にそう》と男性の出家教団とを分けて修行《しゅぎょう》させていたので、おそらく、混乱《こんらん》が起きるようなものを避《さ》けたのだと思います。

それから、出家すると、もう結婚生活はできませんし、当然、尼僧団とは別になっているので、元夫婦《ふうふ》であっても自由にはならなかったということもありました。

このあたりは、非難《ひなん》されるべきか、ありえるべきか、微妙《びみょう》なところがあるとは思いますが、集団生活を維持《いじ》するという意味で、若干厳《じゃっかんきび》しいところもあったのでしょう。

学校などでも全寮制《ぜんりょう》をつくれば、男子寮と女子寮とを分けないと、やはりうまくいかないことはあるでしょう。ただ、その微妙なさじ加減《かげん》については、ちょっと分からないところはあります。

仏教は、どちらかといえば保守《ほしゅ》的かと思いますが、異性を禁じすぎたために、その後、同性愛的なものが出てきた傾向《けいこう》はありますし、キリスト教も同様に、今のバチカンなどでもいろいろなスキャンダルは数多くあるだろうと思います。

この性的なものも、完全《かんぜん》には逃《のが》れられないものであり、また、男女が別につくられたということからすると、ある程度は想定済《ず》みということは言えるのではないでしょうか。

悪魔の狙《ねら》ってくる隙《すき》を埋《う》める努力《どりょく》を

先ほども述《の》べたように、例えば、男性が修行し、悟《さと》りを開いて活動するにしても、女性からの純粋な応援《おうえん》の念波《ねんぱ》を受けているときには護《まも》られていますし、悪魔、悪霊にも強いだろうと思います。これが、巫女《みこ》などがよく発生している理由です。

悪魔と戦《たたか》うようなときに、穢《けが》れのない若い女性たちが支援《しえん》している状態だと、どうなるでしょうか。そういう巫女さんからは、ちょうど、ある種《しゅ》の純粋な愛の概念《がいねん》、神仏《しんぶつ》に対する信仰心《しんこうしん》のようなものが放射《ほうしゃ》されていて、それによって応援されている状態になるので、ある程度、護る意味にはなるだろうと思います。

ただ、これが、計算ずくの男女関係でドロドロしたものになれば、護るものにはならず、今度は引きずり倒《たお》すようなものにもなると思います。

初期の仏教では、結婚もできず、子供《こども》もつくらないのが普通ではあったのですが、中世以降は、結婚したり子供ができたりすることも普通になってはきました。しかし、負担《ふたん》感があることは事実です。

修行に打ち込《こ》んでいる者にとっては、経済《けいざい》的負担というのがいちばん大きかったでしょうし、初期の仏教教団では、サラリーマン風に「勤務《きんむ》時間だけ仕事をすれば、あとは、家庭生活は別にあってもよい」というだけの余裕《よゆう》をつくる力はありませんでした。そういうかたちをつくると、在家の人と生活パターンが変わらないので、「在家の人が一方的にお布施《ふせ》をし、出家者がそれを消費《しょうひ》する」というスタイルが、なかなか歓迎《かんげい》されなかったのではないでしょうか。もちろん、伝統的なものもありますけれども、歓迎されなかったという面もあったかと思います。

「独身《どくしん》で修行して、貧《まず》しいのでお布施を頂《いただ》く」というかたちがありましたが、他教団との競争《きょうそう》等もあったので、徳《とく》がある宗教や、信者あるいは修行者であるということでお布施が集まるようなこともありました。その意味で、「厳しい修行をしている」「徳がある」という評判《ひょうばん》でお布施が集まる面もあったので、週刊誌《しゅうかんし》はなかった時代ではあるけれども、いちおう、人の噂《うわさ》や評価《ひょうか》が影響《えいきょう》する時代ではあったと思います。

今もエクソシズムをするときには、悪魔のほうは、相手が独身であれ妻帯者《さいたいしゃ》であれ、弱みと思えるものは何でも狙《ねら》ってくるので、弱みの部分はできるだけ「防《ぼう》御《ぎょ》」する以外に方法《ほうほう》はありません。

ですから、矛《ほこ》もあれば盾《たて》もあるように、「矛」は相手を攻撃《こうげき》する武器《ぶき》であり、「盾」は護る武器ですが、防御をすることです。悪魔が狙ってくる隙《すき》は、よく教えているとおり、「貪《とん》・瞋《じん》・癡《ち》・慢《まん》・疑《ぎ》・悪見《あくけん》」のところなので、このあたりに対してはブロックをかけ、穴が開《あ》いていたら、その隙間をしっかりと埋《う》める努力《どりょく》をしていくことが大事なのではないかと思います。

5　ザ・リアル・エクソシストが持つ霊力《れいりょく》とは

心身共《とも》に自分をよく統御《とうぎょ》することで力を維持《いじ》し、増《ふ》やしていく

今回の話をするにつけて、「個人《こじん》の修行《しゅぎょう》レベルがどこまで行っているかの判定《はんてい》方法《ほうほう》はあるか」という質問《しつもん》も頂《いただ》いていましたが、これを客観《きゃっかん》的に判定するのは、なかなか難《むずか》しいことです。

当会でも仏法真理《ぶっぽうしんり》の検定試験《けんていしけん》のようなものをしていますけれども、その点数だけで悟《さと》りが高いとは必《かなら》ずしも言えないところもありますし、年齢《ねんれい》や経験《けいけん》、仕事能《のう》力《りょく》で地位《ちい》が与《あた》えられることもありますが、その順《じゅん》で悟っているとも、必ずしも言えないと思います。それから、「独身《どくしん》時代は心清《こころきよ》らかだったのに、中年以降《いこう》はそ

うではなくなった」という人もいるでしょうから、実社会で実際《じっさい》に起きるような転落の要因《よういん》は、数限《かずかぎ》りなくありえるだろうと思うのです。

いずれにしても、簡単《かんたん》な解決《かいけつ》方法は、「私たちは、『人間としてこの世に生きている』という条件《じょうけん》づけられた存在《そんざい》であり、そのなかに出てくる地上的な欲《よく》、この世的な欲望《よくぼう》はあるので、このあたりがよくコントロールされ、制御《せいぎょ》されているかどうか」ということです。これは、仏典《ぶってん》にもよく出てくる言葉です。

普通《ふつう》は、「何かを成《な》し遂《と》げたから偉《えら》い」というように思われがちですが、仏典に説《と》かれている教えでは、「何かを成し遂げた」というよりは、「心身共《とも》によく調《ちょう》御《ぎょ》されている、統御《とうぎょ》されている生活を送っている」ということをほめ称《たた》えていることが多いです。これは、毎日毎日のことではあるのです。

そういうことを積《つ》み重ねていくなかで、周《まわ》りからだんだんに認《みと》められていくこともあります。また、実際に、「この人が導師《どうし》をする祈願《きがん》は効《き》きそうだ」とか、

「この人の悪魔祓《あくまばら》いは効きそうだ」とかいうことが、信者《しんじゃ》のほうは何となく分かってきているところもあります。したがって、この世の普通の在家集団《ざいけしゅうだん》と同じように、肩書《かたがき》や年齢、収入《しゅうにゅう》だけで決まるものではないということは、知っておいたほうがよいと思います。

つまり、努力《どりょく》して、自分をよく統御している者、調整している者は、やはり、そういう力を維持《いじ》することができるし、増《ふ》やしていくこともできるということです。

普段《ふだん》は穏《おだ》やかな人が「強いフォース」を発揮《はっき》することも

地上で生きる以上、ある意味では欲がなければ生きていけないのですが、その欲をよく節《せっ》し、それを〝貯金《ちょきん》〟として積んだ者は、やはり霊的《れいてき》な力が出てきやすいと見てよいのではないかと思います。

ですから、ボクシングのパンチや、キックボクシングのキック、柔道《じゅうどう》の投《な》げ技などの力もありますけれども、そういうフォースとは別《べつ》に、普段《ふだん》は柔軟《じゅうなん》で寛容《かんよう》で穏《おだ》やかに生きている人が、現実《げんじつ》には、意外に「強いフォース」というか、念力系《ねんりきけい》の力を発揮《はっき》することができる場合もあります。

普段は、限りなく寛容で、多くの人に対して慈悲《じひ》の心でもって接《せっ》するような人でよいのですが、「ここ一番」で、悪なるものと戦《たたか》い、調伏《ちょうぶく》するということになったら、これが、自分の霊エネルギーを集中し、それを追い払《はら》う力になります。その追い払い方については、当会の各種修法《かくしゅしゅうほう》で教えているので、できるようになれば、そうなってもよいと思います。

霊的《れいてき》な力は、体のどの部分から出るのか

では、霊的《れいてき》な力が出ているのは、体のどこからでしょうか。

一つは、「手のひら」です。手のひらの中心点あたりから、光や霊的パワーが出るので、手はよく使っています。

また、「眉間《みけん》」です。眉間にはチャクラがあると言われていますが、ここからも強い力は出ます。

それから、「目」自体も力を持っています。

さらに、「口」からは言葉を発することができるので、悪霊《あくれい》や悪魔と戦う言葉を発することもできます。

霊視《れいし》をすることができる人が視《み》れば、『仏説《ぶっせつ》・正心法語《しょうしんほうご》』（幸福の科学の根本経典《こんぽんきょうてん》）やその他のお経《きょう》、祈願等を読んでいると、シャボン玉のような光の玉が口から出ていく感じが分かります。そのように言魂《ことだま》が出ていっているので、やはり、言葉に力が出てきます。これはすべて、総合力《そうごうりょく》です。いろいろな勉強や精進《しょうじん》をしてきた総合力が出てきて、言葉でも、相手を諭《さと》したり、一喝《いっかつ》したりすることができるようになります。

そして、もちろん「ハート」です。心臓付近《しんぞうふきん》のハートからも、やはり一定の「愛《あい》の力」のようなものは出ます。その愛の力で、悪なるものをあるときは退《しりぞ》け、あるときは許《ゆる》し、あるときは溶《と》かしてしまうような「愛の心」というものもあると思います。

例《たと》えば、「この人に対しては、何となく戦う気力が湧《わ》かない」というような人がいると思います。あまりに圧倒《あっとう》的な善念《ぜんねん》を持ったタイプの人には、普段は悪いことしかできないような人でも、何もできず、手が出せないということがあると思うのです。ヤクザなども隙《すき》のある人を狙《ねら》っていることが多く、「この人は、やめておいたほうがいい」と感じる人もいるようなので、そうした善念が出ていることも大事です。

それから、みぞおち、お腹《なか》の下あたりにも、やはり大きな力の磁場《じば》があることはあります。このあたりに「胆力《たんりょく》」がないと、最終的《さいしゅう》に悪魔に打ち勝つのは難しいのです。

これは、この世的な理屈《りくつ》での勝ち負けを超《こ》えた、もっと強いものです。自分の魂《たましい》の底《そこ》からの「人類救済《じんるいきゅうさい》」の思いや、「世の中をよくしたい」という思い、「悪なるものを地上にははびこらせない」という強い不退転《ふたいてん》の気持ちなどがバシッと入っているかどうかによって、大きく違《ちが》います。

悪霊祓《あくれいばら》いに力を発揮《はっき》する、手のひらから出るパワー

また、体のさまざまな動作というものもあります。

これは、忍術《にんじゅつ》のように、何かいろいろな手の組み方でパワーが出るというものではなく、そのときそのときに、霊的《れいてき》に指導する者が来るので、指導をする者がそのときにふさわしい体の動き方やポーズを取らせてくれます。ですから、それ

に任《まか》せて行うわけです。

私もそうです。「エル・カンターレ ファイト」のように、基本的《きほん》に形が決まっているものもありますけれども、それ以外に、霊力を出したり送ったりするようなときは、やはり、そのときの指導霊が、自分のいちばん得意《とくい》なポーズを取って行うことが多いのです。

また、念力を集中して創造《そうぞう》することができれば、「フォース」でも、光線銃《じゅう》ではありませんが、ビームのような光を出すことは可能《かのう》です。

そういうときのために、いろいろな印《いん》を結《むす》んだりすることもあると思うのですが、あまり考えなくても、自分を指導する霊がきちんとついている場合には、そういう形が自然《しぜん》に出てきます。

ただ、一般《いっぱん》的には、手のひらから出ているパワーが使いやすいでしょう。これは、悪霊祓《あくれいばら》いには強いのです。

ほかにも、一点集中型《がた》としては、何らかのかたちで手刀《てがたな》をつくって光を出すしぐさをすることも多いと思います。

6 強い悪霊《あくれい》・悪魔《あくま》への結界《けっかい》の張《は》り方

盛《も》り塩《じお》や注連縄《しめなわ》自体に効果《こうか》はあるか

また、「強い悪霊《あくれい》・悪魔《あくま》への結界《けっかい》の張《は》り方」という質問《しつもん》もあったのですが、これはなかなか大変《たいへん》です。

現実《げんじつ》に試《ため》してみると、日本神道系《しんとうけい》であれば、塩《しお》を部屋の角《かど》に祀《まつ》ったり、盛《も》り塩をしてピラミッドのようにしたりすることがあります。また、「どこそこの塩が効《き》く」などというのも、さまざまにあるようです。

ただ、いろいろ試してみたものの、そういうものは〝フリーパス〟でした。まったく関係《かんけい》なく通過《つうか》していきます。

それから、注連縄《しめなわ》というものもあります。短冊《たんざく》のようなものを付《つ》けている注連縄も試してみましたが、やはり、これも〝フリーパス〟です。どんどん通過していきます。昔は効いたのかもしれませんが、今は何とも言えません。

土俵《どひょう》にもそういうものはありますけれども、その形よりも、形をつくり、大勢《おおぜい》の人から「神域《しんいき》をつくろう」という気持ちが出ることによって、磁場《じば》ができてくるのではないかと思います。

相撲《すもう》でも、縄を丸く張《は》って土台をつくり、さらに注連縄を張って、お祓《はら》いをし、塩を撒《ま》いてお清《きよ》めをしますが、その周《まわ》りの人の集合念波《ねんぱ》として、「神様に見てもらえるような、御神事《ごしんじ》としての穢《けが》れなき相撲をしよう」という気持ちがあれば、そういう磁場が出てくるのではないかと思います。

悪霊《あくりょう》や悪魔が起こすことのできる現象《げんしょう》とは

以前《いぜん》、「来る」という映画《えいが》がありましたが、このなかでは、山からやって来る、何だかよく分からない、ものすごい悪霊《あくりょう》のようなものに対して、お椀《わん》というお椀や、お酒の盃《さかずき》、コップ等、いろいろなものに水を入れていました。

ただ、こういうものには、まったく効き目はありませんし、窓《まど》も壁《かべ》も天井《てんじょう》も役に立ちません。霊というものはすべて〝素通《すどお》し〟で来るので、どうしようもないのです。

その代わり、向こうも、映画に出てくるような、首を丸ごと鋸《のこぎり》で切り落とすといったことはできやしないのです。そういうことは、普通《ふつう》はありません。金縛《かなしば》り的なものや、急に体が重くなって昏倒《こんとう》するようなものはあると思うのですが、それほど強力な物理的現象《げんしょう》を起こす悪魔には、私はあまり会ったことがありません。

自分が存在《そんざい》することを示《しめ》したり脅《おど》したりするために、ある程度《ていど》の恐怖心《きょうふしん》を感じさせるような何らかの物理現象を起こすことはできますが、肉体を引き裂《さ》いたり、胴体《どうたい》をちょん切ったりするようなことは、普通はありえないのです。

また、墓場《はかば》に埋《う》めてある死体が生き返り、ゾンビのように歩いて殺《ころ》しに来る、あるいは、それをライフル銃《じゅう》で撃《う》ち殺せるなどといった世界は、残念《ざんねん》ながら、私は受け入れることはできないので、いろいろな迷信《めいしん》・伝承《でんしょう》が入り混《ま》じっているのではないかと思います。

一方で、「悪霊や悪魔は、よく電気系統《けいとう》に来る」というのは本当にあります。この原理がどういうものなのかは少し分かりかねるところもあるのですが、電気がパッと消えたりするようなことはあると思います。

もちろん、「病気」になったりすることもよくあります。

そういう悪いものに取り憑《つ》かれたとき、その霊が死んだときの病気の状態《じょうたい》のままでいるような場合には、同じような病気に罹《かか》ることもあります。その霊に縁《えん》のある人、例《たと》えば友達《ともだち》や親きょうだい、親戚《しんせき》などに、何かの拍子《ひょうし》にパッと取り憑くことができれば、相手は同じような病気に罹ってしまい、代々同じ病気で死ぬ家系もあります。三代連続《れんぞく》してガンで死ぬとか、三代連続して首吊《くびつ》りで死ぬとかいった場合は、だいたい、取り憑かれて同じ死に方をしていくようなところがあるので、いちおう、「これは、何か来ている」と悟《さと》るべきです。

あるいは、〝死神《しにがみ》〟風に、家系的に代々憑いているものがいることもあります。

定期的に幸福の科学の支部《しぶ》や精舎《しょうじゃ》へ行くことの大切さ

成仏《じょうぶつ》していない先祖《せんぞ》のなかにはそういうものがいるので、その場合は、個人《こじん》で相手をするのはやや難《むずか》しくなるため、当会の支部《しぶ》や精舎《しょうじゃ》等で、研修《けんしゅう》を受けたり、導師《どうし》に祓ってもらったりと、いろいろしたほうがよいと思います。ただ、一発ですぐに消せるものではありません。そういうところにいない時間のほうが長いので、なかなか消せるものではありませんが、やはり、まずはそうしたきっかけを受けて、悟りへの道をつけ、自分が努力精進《どりょくしょうじん》し、何とかして、こういうものとは違《ちが》う生き方をしようとすることです。

要《よう》するに、「水」と「油」のようになればよいわけなので、悪いことを起こそうとしている霊と、心がまったく違ってしまえば、「水」と「油」のように弾《はじ》くようになります。

ですから、同じような心を持たないようにし、それとは違う心で自分の内側《うちがわ》を埋めるようにすることです。そのために、私のいろいろな本や説法《せっぽう》などがあるわけです。

そういう意味で、定期的に、講演会《こうえんかい》等があれば講演を聴《き》くとか、説法会があったらそれを聴くとか、あるいは、導師の人たちと交流する場を持つとか、そのようなことは非常《ひじょう》に大事だと思います。

悪霊祓《あくれいばら》い的な儀式《ぎしき》もあり、それで一発で外せるようなこともありますが、長く憑いているものの場合は、外しても戻《もど》ってくることが多いのです。

したがって、やはり、毎月のように、定期的にきちんと精舎や支部などへ行って顔を出し、説法を聴いたり、修法《しゅうほう》を行《ぎょう》じてもらったりするなど、何かに参加《さんか》していくことが大事ではないかと思います。そうした霊は、簡単《かんたん》に外せるようなものではないのです。

霊道《れいどう》を開いた人は、謙虚《けんきょ》に、透明《とうめい》な心を求《もと》める修行《しゅぎょう》が大切

私も、幸福の科学の初期《しょき》のころに、まだ修行《しゅぎょう》も進んでいない人の霊道《れいどう》を開かせたことがありました。

最初《さいしょ》は守護霊《しゅごれい》レベルが来るのでよいのですが、一カ月もしないうちに悪霊が入り始め、自分で追い払《はら》えなくなるのです。自力で開いたものではないので、追い払えないでいるわけです。

こういうときには初歩に戻り、名誉心《めいよしん》や虚栄心《きょえいしん》といったものを取り払い、この世的な意味での「偉《えら》い」とか「偉くない」とかいう考え方を取り払って、本当に謙虚《けんきょ》に、透明《とうめい》な心を求《もと》めて、「一信者」として、あるいは「一修行者」として修行をする立場に戻るべきだと思います。そうしたことを続《つづ》けていくと、だんだん正常に戻っていくでしょう。

先ほども述《の》べたように、バケツに水を張り、そこに黒いインクを一滴《てき》一滴落としていくと、全体がだんだん真っ黒になっていきますが、逆《ぎゃく》に、その濁《にご》った水に清水《せいすい》、きれいな水を一滴一滴落としていくと、そのうちに今度は水がだんだん溢《あふ》れてきて澄《す》んでいきます。そして、いつかは飲めるようになって、飲み水にも洗《あら》い水にも使えるようになります。それと同じようなものです。

ですから、いったん自分が濁ったために、そういう同類《どうるい》のものを引きつける状態になっているならば、今度は、その正反対の「聖なるもの」を少しずつ少しずつ入れていくことです。薄衣《うすぎぬ》を剝《は》がすように、自分の穢《けが》れの部分を少しずつ少しずつ取っていくことが大事です。

修行というのは、ある程度、年数を続けなければ駄目《だめ》なのです。本当に、やはり年数というものは効くのです。一定の年数、修行を重ねているうちに、いろいろな事態を経験《けいけん》します。だいたい十年ぐらい続けていると、あらゆる事態に遭遇《そうぐう》することが多いのです。

当会の講師など、二十年、三十年と修行している人には、それなりの強さがあります。やはり、そうした人には力があることが多いのです。

ただ、修行を長く続け、地位《ちい》が高くなってくると、慢心《まんしん》し、修行を若干怠《じゃっかんおこた》るようになることがあります。そうなると祓えなくなり、逆に狙《ねら》われてくることもあるので、そこは、お互《たが》いによく注意し合わなければいけないのではないかと思います。

エル・カンターレにつながることが、自分を護《まも》る力になる

もう一つは、教団《きょうだん》のようなものが嫌《きら》いな人もいます。「本が出版《しゅっぱん》されたら、本屋で本だけ買って読めばいい」「大講演会のときだけ行って法話《ほうわ》を聴けば、それでいい」などと思う人もいるでしょう。

そのように、組織《そしき》等にいろいろと何か制約《せいやく》をかけられたり、戒律《かいりつ》をつけられたりするのは嫌《いや》だというような人は、昔からたくさんいます。

そういう人たちには、野狐禅《やこぜん》の傾向《けいこう》があることはあるのですが、組織のなかで修行することによって、相互《そうご》の力で護《まも》られるということがあります。「個人 対

個人」だと弱いものですけれども、教団という大きな組織で、大勢の人が同じような修行をし、同じようなことを考えることで、そういう念波によって、〝氾濫《はんらん》〟しないように土手をつくってくれている状態になるのです。

そのなかにありながら修行することで、最後は、エル・カンターレのところまでしっかりとつながり、エル・カンターレ支援霊団《しえんれいだん》のほうまですべてつながっていることになります。こういう大きなものにつながっているということが、やはり自分を護る力になるのです。

これらすべてとつながっていれば、どのような悪魔でも太刀打《たちう》ちできなくなると思いますので、「個人で戦《たたか》える範囲《はんい》には限界《げんかい》がある」と、ある程度は悟るべきかと思います。

本章では、「ザ・リアル・エクソシストの条件《じょうけん》」として述べました。何らかの参考になれば幸いです。

第4章

降《ごう》魔《ま》の本道

世界を輝《かがや》かせる法力《ほうりき》とは

1　ウィルスや悪霊《あくりょう》・悪魔《あくま》を退散《たいさん》させる「宗教的《しゅうきょう》な悟《さと》り」

どのようなことがあっても、そのつど対応《たいおう》を考えて乗り越《こ》えてきた

二〇二〇年は、外部会場での講演《こうえん》がとても少なく、みなさんにも物足りなさを与《あた》えたことかと思います。

二月に香川《かがわ》の観音寺市《かんおんじし》で講演をし、その後、三月に仙台《せんだい》で話したあとぐらいに、「幸福の科学が機嫌《きげん》よく、千人以上《いじょう》の人数を集めて講演会をやっているぞ」というような記事が出ました。世間《せけん》はそんなに緊張《きんちょう》して遠慮《えんりょ》しているのかと少し驚《おどろ》いたのですが、あまり刺激《しげき》してもいけないので、しばらく、内部で録《と》ったものを、いろいろな所で小さく観《み》ていただくかたちにしていたのです。

ロンドンにも五月に行く予定であったのですが、新型《しんがた》コロナウィルスが流行《はや》り、当時、三人以上の集会が禁止《きんし》になっていました。その後も、七人以上の集会は禁止になっていたかと思います。それでは講演会が開けないので、残念《ざんねん》ながら断念《だんねん》しました。

九月にもニューヨークで講演会を予定していたのですが、ニューヨークも〝激戦地《げきせんち》〟というか、コロナとの戦《たたか》いではいちばん厳《きび》しい所になりましたので、こちらも断念しました。なかなか叶《かな》わないこともあります。

長い期間、この仕事をしておりますと、いろいろなことが起きますが、「どのようなことがあっても、そのつど、そのつど、対応《たいおう》を考えながら乗り越《こ》えていく」というやり方できましたので、私のほうは、「内部的にやるべきことを〝貯金《ちょきん》〟としてつくっておいて、また自由にいろいろな所でできるようになったら、やれるスタイルにしよう」ということでやっていました。

夏も、映画《えいが》の原作などで何年も先にかかるものを、「いずれにせよ外へ出られないし」と思って、一生懸命《いっしょうけんめい》に書いていました。みなさんがもう少し年を召《め》されたころに観るかもしれないものです。私も早めにそういうものを書いておいたほうが、まだ感性《かんせい》が鈍《にぶ》らないで、よいのではないかと考えています。

幸福の科学の講演会《こうえんかい》でコロナウィルスに罹《かか》った人はいない

本章のテーマは「降魔《ごうま》の本道」です。二〇二〇年十月に徳島《とくしま》県の聖地《せいち》エル・カンターレ生誕館《せいたんかん》で行《おこな》った説法ですが、もともとは、五月公開の映画「心霊喫茶《しんれいきっさ》『エクストラ』の秘密《ひみつ》―The Real《ザ リアル》 Exorcist《エクソシスト》―」(製作総指《せいさくそうし》揮・原作 大川隆法)の前に、説法としての〝映画の露払《つゆはら》い〟のつもりで説《と》く予定になっていたものです。

ただ、当時は他県ナンバーの車が止まっていると、「よその県から来ている」ということで通報《つうほう》されるようなことがありました。そうしたことは普段《ふだん》はなく、

「高知ナンバーが来ていて何が悪い。香川ナンバーが来ていて何が悪い。愛媛《えひめ》ナンバーが来ていて何が悪い」と思うのですが、そういうことをいちいち通報されたりするような時期でもあったので、無理《むり》をしてもいけないかと思って見送りました。

ただ、今のところ、私の講演会《こうえんかい》に来てコロナウィルスに罹《かか》った人は一人もいません。大丈夫《だいじょうぶ》です。

もちろん、他の宗教《しゅうきょう》では、「教会でうつったから危険《きけん》だ」というようなところもありますが、それは宗教の種類《しゅるい》が、若干違《じゃっかんちが》うのです。

韓国《かんこく》でもコロナウィルスは流行り、キリスト教のなかでも異端《いたん》といわれているところの集会で何百人にもうつったということがありましたが、当会ではそういうことはありません。

当会では、二〇二〇年八月末《まつ》にドキュメンタリー映画「奇跡《きせき》との出会い。―

心に寄《よ》り添《そ》う。3―」（企画《きかく》・大川隆法）を公開するに当たり、その一年前から難《むずか》しい病気が治《なお》った例《れい》を追っていたのですが、二、三月ごろからコロナが流行ったので、私のほうから、「コロナが治った例を探《さが》して、一つ二つ差《さ》し込《こ》んだらどうか」と言いました。

そこで、取材班《しゅざいはん》が探したのですが、「いないのです。そういう例がなく、残念ながら映画になりません」ということで、映画のなかには入れることができませんでした。

調べたところ、「日本の信者《しんじゃ》の親族で、アメリカにいる会員にはなっていない人がコロナに罹り、高熱《こうねつ》を出して入院したが、日本のほうで『中国発・新型コロナウィルス感染撃退祈願《かんせんげきたいきがん》』を行ったところ、治って退院した」という話があるぐらいで、「映画にするには、ちょっと……。これでは当たり前のことなので、奇跡にはならないかな」ということで、入れることができませんでした。

会員はコロナに罹らないので、奇跡の実証《じっしょう》をあまりお見せできないのが残念ではありますが、みなさんが健康《けんこう》であること自体は喜《よろこ》ばしいことであると思います。

助けを求《もと》めて現《あらわ》れたジョンソン首相本人の魂《たましい》

トランプ大統領《だいとうりょう》もノーマスクで頑張《がんば》っておられましたが、十月、ついにコロナウィルスに感染して入院されました。ただ、そのとき、私は「早めに回復《かいふく》され、元気な姿《すがた》をお見せになる」と信じていましたし、そのように祈《いの》ってもいました（その後、トランプ大統領は入院から三日で退院し、政務《せいむ》に復帰《ふっき》した）。

また、マスコミのバッシングが逆《ぎゃく》に少し収《おさ》まり、バイデン氏《し》も「トランプ批判《ひはん》のコマーシャルを取り下げた」などと言っていたので、かえってよいこともあったかもしれません。トランプ氏はやや強気すぎるので、同情《どうじょう》も少しはあったほうがよいのかなと思いました。

大国なので、ご自分の強い力で乗り切っていかれることと思います。

私には、「世界で何が起ころうとも、自分のやるべきことをやり続《つづ》ける」という使命があります。

なお、トランプ氏の守護霊《しゅごれい》は、当時、私のところに助けを求《もと》めては来ませんでした。一方、イギリスに行く予定だったこともあり、四月には、イギリスのジョンソン首相の霊が来たのです。私もあれは初《はじ》めての体験《たいけん》でした。夕食を食べたあとに、いきなり、生霊《いきりょう》と思われるものが急に〝ガボッと来た〟感じがして、何だろうと思ったら英語《えいご》で話し始め、それがジョンソン氏だったのです。

ジョンソン氏はＩＣＵ（集中治療室《ちりょうしつ》）に入っていて、普通の病室に移《うつ》そうかというころのことだと思うのですが、「光を入れてほしい」という感じで、私のところまでやって来たわけです。

あれは守護霊ではなく、本人の魂《たましい》だと思います。本人の魂が抜《ぬ》けて東京のほうまで来たのでしょう。話をしましたが、そのあと急速に回復されて、仕事をなさっています。

トランプ氏の守護霊のほうは来ませんでしたから、そこまで重体ではないと私は思っていましたし、来たら治そうとも考えていました。

「後光《ごこう》」が出るような状態《じょうたい》になると、悪性《あくせい》ウィルスは離《はな》れていく

私から見れば、大した問題ではないのです。普段はもっと手強《てごわ》いものを相手にしているので、コロナウィルスで肺炎《はいえん》に罹るぐらいは〝軽症《けいしょう》〟であり、簡単《かんたん》に治ります。ですから、ご心配なさらなくて結構《けっこう》です。

「なぜ治るか」という話ですが、「THE《ザ》 THUNDER《サンダー》―コロナウィルス撃退曲―」もつくって、全国、全世界で配信していますけれども、結局、「心の調和、統一」をして、うっすらと何セ

CD「THE THUNDER― コロナウィルス撃退曲―」（作曲 大川隆法、編曲 水澤有一、発売・販売 幸福の科学出版）

ンチかぐらいでも「後光《ごこう》」が出るような状態《じょうたい》になると、普通の悪霊《あくりょう》、悪魔といわれるようなものも、だんだん憑《つ》いていられなくなる状態になるのです。ですから、悪性《あくせい》のウィルスごときは、憑いているわけにはいかなくなってきます。

「体からうっすら後光が出るような状態」を自分でつくることができたら、そうしたウィルスのようなものは離《はな》れていくのです。これは、コロナウィルスだけではなく、インフルエンザでも、ほかのものでも一緒《いっしょ》です。そうしたウィルス性の病気でしたら、「後光が全体から出るような精神状態《せいしん》」をつくることができれば、ウィルスは離れていきます。

場合によっては〝隣《となり》に移動《いどう》〟することもあるので、それだと数としては減《へ》っていないかもしれませんけれども離れてはいくので、そういう意味では、「宗教的な悟《さと》りが病気に効《き》く」というのは当たり前のことであるのです。

そのあたりが、本章の中心論点《ろんてん》につながっていくところです。

2　悟《さと》りの力で魔《ま》を打ち破《やぶ》る「降魔成道《ごうまじょうどう》」

「降魔」とは、悪魔を「悟りの力」「法力《ほうりき》」によって退散《たいさん》させること

本章の説法《せっぽう》をした当日、「さすが、聖地《せいち》エル・カンターレ生誕館《せいたんかん》」と言うべきか、演題《えんだい》の「降魔《ごうま》の本道」にふりがなを振《ふ》っていないものが出ていたので、「うわあ、すごいなあ」と思いました。

これは、宗教《しゅうきょう》をやっている人には読めるけれども、そうではない人には読めず、「降魔って何?」と言う人もいます。「これは"魔を降《お》ろす"ということか」と考えたりするのですが、魔になかなか入られたら大変《たいへん》なことになるので、正反対の意味になってしまいます。

そういう意味ではなくて、「悪魔、魔王といわれるようなものを、悟《さと》りの力によって、あるいは法力《ほうりき》によって打ち砕《くだ》く。退散《たいさん》させてしまう」ということです。これは、四国の方には比較《ひかく》的分かりやすい面もあるかと思うのです。弘法大師《こうぼうだいし》空海《くうかい》がそういう人であり、法力でもって悪魔とも戦《たたか》えるような方であったからです。密教系《みっきょうけい》で、比較的そうした法力を持った方であったので、何となくほかの地《ち》域《いき》の方よりも理解《りかい》しやすいかと思います。

そのタイプの映画《えいが》については、二〇二〇年十月公開の映画「夜明けを信《しん》じて。」（製作総指揮《せいさくそうしき》・原作 大川隆法）の次、二〇二一年の五月ぐらいになるかと思いますが、「空海に当たる僧侶《そうりょ》の生まれ変《か》わりの人が、現代《げんだい》の妖魔《ようま》と戦う」という映画「美しき誘惑《ゆうわく》─現代の『画皮《がひ》』─」（製作総指揮・原作 大川隆法）があります。撮影《さつえい》も終わっていて、CGなどをいろいろと入れていますけれども、ここでまた、そうした〝降魔的なもの〟を観《み》ることができると思います。

最近《さいきん》、このテーマについては、わりあい数多く、いろいろな種類《しゅるい》をやっているところです。いろいろなパターンがあるので、知っていて、「ああ、あれだな」と思うと、わりに心の準備《じゅんび》ができやすいのです。そういうことが言えます。

「降魔」という言葉は、釈尊《しゃくそん》の「降魔成道《じょうどう》」に由来《ゆらい》する

「降魔」の言葉の由来《ゆらい》ですけれども、一般《いっぱん》的には、二千五、六百年前のネパールに生まれてインドで活動された、ゴータマ・シッダールタ、釈尊《しゃくそん》に由来します。

釈尊はカピラ城《じょう》を出て、六年間、山野《さんや》で修行《しゅぎょう》をしたあと、菩提樹《ぼだいじゅ》の大木の下《した》で禅定《ぜんじょう》していたときに悪魔の軍隊《ぐんたい》と戦いました。最後の戦いというか、決戦《けっせん》のような感じで挑《いど》んでくる悪魔を、禅定力《りき》で打ち破《やぶ》るのです。

古い映画にも、そういうシーンがつくられたものもありますし、当会のアニメ映画のなかにも、そういうシーンを描《か》いたものがあります。

釈尊が悟りを開いた菩提樹の木は、私がインド巡錫《じゅんしゃく》に行ったときに視察《しさつ》したマハーボーディ寺院というところにあります。釈尊が禅定したときから数えて、孫《まご》か曾孫《ひまご》あたりに当たる大木が、今、生《は》えているのですが、そこに大きな寺院があり、その寺院の前は大きな広場になっています。

私は、そこに四万人以上《いじょう》の人を集めて英語《えいご》で講演《こうえん》をしました（二〇一一年三月六日説法「The《ザ》 Real《リアル》 Buddha《ブッダ》 and《アンド》 New《ニュー》 Hope《ホープ》〔真なる仏陀《ぶっだ》と新たな希望《きぼう》〕」）。ただの広場なので、設営《せつえい》するのに一カ月以上かかり、大工《だいく》さんたちが一生懸命《いっしょうけんめい》に柱を立てていました。四万人の会場で、いちおう幕《まく》で仕切ったのですが、入り切らない状態《じょうたい》になりました。次々といろいろな所から歩いてくるので、見ていて、「うわあ、終わらないいな」「始められるかな」と思うぐらいの感じで、たくさん集まってきたのです。

そして、演壇《えんだん》に上がって歩いていく間に見たら、前のほうに座《すわ》っているのは、そのマハーボーディ寺院の高僧《こうそう》たちでした。インドの本家、プロフェッショナルがズラッと何列か並《なら》んでいるのです。

「これは参《まい》ったな」と思いました。もう少し易《やさ》しい話を一般的にやろうと思って壇上に上がったのですが、プロ中のプロがいちばん前に座り、「悟りとは何か」という感じで睨《にら》んでいる様子だったので、「しかたがない。少し難《むずか》しいかもしれないけれども、やってしまおうか」ということで、「中道《ちゅうどう》」から「降魔成道《じょうどう》」的な話を中心に話しました。

あとの四万人の人が分かったか分からないかは知りませんが、全国放送等で何回もかかっていましたので、何回も観て分かった方もいるのではないかと思います。ネパールでも国営放送でかなりかかりましたが、日本と違《ちが》い、熱《ねつ》がすごいのです。熱の入れ方がとてもすごいので、このあたりの違いを、みなさんも感じ取っていただければありがたいと思うのです。

世界にじわじわと知られていっている幸福の科学

ただ、日本でも、ほかの宗教に比《くら》べれば、やや恵《めぐ》まれているところもあります。夏の「御生誕祭《ごせいたんさい》」と冬の「エル・カンターレ祭」の年二回の講演は、今、国内では五局か六局ぐらいの地方局でかかっています。テレビ和歌山《わかやま》や、ほかのところも毎年かけてくれていて、その近県の方も観ることができます。

このようにしてくださっているのは幸福の科学に対してだけなので、これはマスコミの方々も、多少受け入れてくださっているということかと思っています。キーステーションのような、全国報道《ほうどう》をしている大きなところは、私が何か事《じ》件《けん》でも起こさないかぎり、なかなかそう簡単《かんたん》にはかけてくれません。私が死んだらかかります。死んだら間違いなくかかりますが、生きている間は、それほど簡単にかけずに〝頑張《がんば》って〟いるとは思うのです。

ただ、いろいろなかたちで、じわじわと知られていっている状態ではあります。今、全世界でコロナウィルスの広がりがありますけれども、全世界で幸福の科学のほうも、また別《べつ》の戦いを繰《く》り広げているという状態です。二〇二一年十月の報告《ほうこく》で、「信者が世界百六十四カ国にまで広がっている」とのことであるので、もう少し広がっているかもしれません。

もし「THE THUNDER《ザ サンダー》―コロナウィルス撃退曲―」や「THE EXORCISM《ジ エクソシズム》―不成仏霊《ふじょうぶつれい》撃退祈願曲《きがんきょく》―」等の音楽を聴《き》いただけで、みなの状態がよくなるようなところにまで行けば、これは現代的な戦い方として、かなり効果《こうか》があるとは思うのです。

先ほど述《の》べた、映画「心霊喫茶《きっさ》『エクストラ』の秘密《ひみつ》―The《ザ》 Real Exorcist《リアル エクソシスト》―」なども、海外で五十幾《いく》つもの賞《しょう》を頂《いただ》いています。あまりたくさん出てくるので、こちらもびっくりして、もう覚《おぼ》

CD「THE EXORCISM―不成仏霊撃退祈願曲―」（作曲 大川隆法、編曲 大川咲也加・水澤有一、発売・販売 幸福の科学出版）

えられないぐらいなのですが、あらゆる賞が各種《かくしゅ》出ています。というのも、外国のほうが、宗教マターについては敏感《びんかん》だということだと思うのです。

これはエクソシスト映画ではあるのですが、私たちにとっては当たり前のことを当たり前に、エピソードとして集めました。最後に盛《も》り上げはしましたが、ほかのエクソシスト映画というか、ホラー映画等をたくさんつくっている方々から見れば、その〝当たり前〟のことがとても珍《めずら》しかったようです。

「えっ？　こんなのでいいのか」「もっと脅《おど》して脅して怖《こわ》くして、逃《に》げ回る感じにしないといけないのではないか」と思っているなかにあって、〝ごく普通《ふつう》に〟やっていっているので、それに不思議《ふしぎ》な感じを受けたようです。

こういうことが分かるらしいということは、本当にありがたいことなので、世界はまだ見捨《みす》てたものではないと考えています。

3　映画《えいが》「夜明けを信《しん》じて。」に見る「降魔成道《ごうまじょうどう》」

「降魔成道」をはっきりと描《えが》いた映画「夜明けを信じて。」

釈尊《しゃくそん》が最初《さいしょ》に悟《さと》りを開いたときのことは、「降魔成道《ごうまじょうどう》」といわれています。「魔を降《くだ》して道を成《な》した。完成《かんせい》した」ということです。本当はこれで終わりではないのですが、最初の大きな悟りを得《え》たということです。

これについては、いろいろな書き方が仏典《ぶってん》にはありますが、悪魔の軍隊《ぐんたい》が第一軍、第二軍、第三軍とたくさん並《なら》んで、象《ぞう》に乗って周《まわ》りから武器《ぶき》を持って攻《せ》めてくるのです。それを、釈尊は静《しず》かに禅定《ぜんじょう》しながら打ち破《やぶ》っていくわけですが、その「魔を打ち破る」ということから「菩提樹下《ぼだいじゅげ》の悟り」につながっていますので、

「降魔即《そく》悟り」でもあったわけです。

これはどういうことかというと、「悟り」を開くことによって、同時に「法力《ほうりき》」も授《さず》かることがあり、「魔を退散《たいさん》させる力がある」ということでもあるのです。

今の仏教学者などには、「内心の葛藤《かっとう》や悩《なや》みのことを言っているのだろう」と言う人が多いのですが、そのようなものではないのです。当会で数多くの本を出してきているように、「これは、心のなかの単《たん》なる葛藤ではなくて、実体験《じったいけん》なのだ。リアリティーがあるもので、現実《げんじつ》に起きたことなのだ」ということを、私は語っているわけです。

その一端《いったん》が、二〇二〇年十月十六日に公開の映画《えいが》「夜明けを信《しん》じて。」にも、もう一回出てきます。この映画は、悟りを開いて東京ドーム講演《こうえん》まで行くところの軌跡《きせき》を描《か》いたものですが、実際《じっさい》はどのようなものであったかということをお見せしています。

この「降魔」という「悟りを開く最後の挑戦《ちょうせん》」は、やはり来るのです。ここでどう戦《たたか》ったのか。これについては、二年前に似《に》たようなシチュエーションで映画をつくったのですが、どうも「降魔成道」のところまで、はっきりと描《えが》けていないように思えるのです。

しかし、ここは非常《ひじょう》に大事なポイントなのです。やはり、降魔できていなければ「本物」とは言えないので、ここをもう一度、緻密《ちみつ》にいろいろな資料《しりょう》を集めて再構成《さいこうせい》し、つくり直してみました。そのため、「別《べつ》の映画」になっています。

「悟《さと》りを開く前夜」になると、悪魔《あくま》が最後《さいご》の猛攻《もうこう》をかけてくる

「夜明けを信じて。」はかなりの大作で、まだ日本で上映されていない段階《だんかい》で、世界で二十幾《いく》つもの賞《しょう》をもらっているという映画なので、期待のできる大作だと思います。

大作で、やや長くなったので、監督《かんとく》が「削《けず》りたい。十六分削らせてくれ」と言ってこられたのですが、「待ってくれ、削るな！　観《み》てしまった以上《いじょう》、そこを削られると困《こま》る。もうつくれないから。これが、もう最後《さいご》だから。私も若《わか》いころのことを思い出して映画をつくるのはもうできないから、削らないでくれ」と、十六分削るか、削らないかで、監督とのやり取りが少しあったのです。

「もう削らないでください。せっかく撮《と》ったし、もう一回撮ることはできないので、削らないで置《お》いておいてください。これは事実であり、事実としてあったことを全部描《か》いて映像《えいぞう》にしているので、削らないでください」と、監督にお願《ねが》いしたのです。

「製作総指揮者《せいさくそうしきしゃ》から、撮ったフィルムの長さについて『削らないでくれ』と言われるということは、名誉《めいよ》なことではないでしょうか」とまで書きました。「普《ふ》通《つう》は『削ってくれ』と言うところを『削らないでくれ』と言われるのは、名誉ではないでしょうか。削るところがないというのは名誉ではないでしょうか」とまで言って説得《せっとく》しました。

実際は百二十分ぐらいで収《おさ》まらないと、映画館のほうがちょっと嫌《いや》がるのです。一日に何回転するかということで、二時間以内に収めないと嫌がるのですが、十何分か足が出ました。

しかし、「世界的に大ヒットした大きな映画はみんな、百四十分や百五十分はあるではないですか。二時間で収まっていないですよ。もうそんなことは言っていられない。これは大作ですから」ということで、そのままかけることになっています。

最後のほうのハイライトの一つは「降魔《ごうま》成道」のところです。今回、私が体験したことを中心に、できるだけ忠実《ちゅうじつ》に、ＣＧも使いながら再現してみましたので、本章のテーマは、そこでも、もう一度、勉強できると思います。

それはどういうことかということですが、普通、一般《いっぱん》に、心の状態《じょうたい》が悪くて、悪霊《あくれい》、悪魔に憑《つ》かれるような場合ももちろんありますけれども、そうではない場合もあるということです。宗教修行者《しゅうきょうしゅぎょうしゃ》などの場合、「悟《さと》りを開く前夜」になると、悪魔が最後の猛攻《もうこう》をかけてくるというのは、歴史《れきし》的にあったことであり、釈尊にもあったし、イエスにもあったことなのです。

そのあまりの強さを見て、「これは、本当に私に立たれたら、幸福の科学というものをつくり上げるために私が会社を辞《や》めて退社・独立《どくりつ》したら、大変《たいへん》なのだな。向こうも必死《ひっし》なのだな」ということは、ものすごく分かりました。「そうしてほしくない」というか、「このままそっとしておいてほしい」「悪魔の帝国《ていこく》は維持《いじ》したい」という感じでしょうか。

日本も戦後七十何年がたって、「本当に、あの世があるのやら、ないのやら分からない」という状態に、教育を〝うまいこと持ってくる〟ことができているし、医学は発展《はってん》したけれども、唯物論《ゆいぶつろん》医学が中心になっています。外科《げか》のようなところで、内臓《ないぞう》など体の一部を切って飛《と》ばしたりして治《なお》すとか、あるいは薬を与《あた》えることで治すとか、いろいろやっていますけれども、そうした唯物論的な考え方が非常に強くなってくるので、困ってしまったところはやはりあるのです。

伝道《でんどう》の相手が激《はげ》しく拒絶《きょぜつ》してくるときの霊的《れいてき》な理由とは

実は、過去にも困ったことはありました。

ある医師が幸福の科学の書籍を献本されて、それを読んでから私の前に出てきたことがあります。

それまで温厚《おんこう》で何も問題のない先生だったのですが、そのときは、〝モワモワ〟だったのです。霊障《れいしょう》状態で出てきました。

医者にとっては、その書籍に書かれていた「奇跡《きせき》で病気が治る」というようなことは、魂《たましい》の衝撃《しょうげき》、〝金属《きんぞく》バットで頭を殴《なぐ》られたぐらいの衝撃〟であったらしく、なんと、その先生に悪魔が憑いていたのです。

これには、こちらもびっくりです。普通であれば、そんなものが憑くような先生ではないのに憑いていたので、やはり「医学にも衝撃を与えた」ということです。「奇跡で病気が治る」というのは、教わっていないし、やっていないし、ありえないことだろうから、グラグラになってしまっていて、ちょっと驚《おどろ》きました。

そのくらい力があると言えば力があるのですが、変な刺激《しげき》を与えることもあるようです。

みなさんも、献本したり伝道《でんどう》したりする際に、相手によってはいろいろな反応《はんのう》もあろうかとは思いますけれども、強くあってください。

すぐにスッと、「ああ、これはいいね」と分かってくれるような人は、「花が咲《さ》く前の蓮《はす》の花」のようなものですので、スッといきますが、普通の人は拒絶《きょぜつ》したり、抵抗《ていこう》したりするものです。

それはなぜかというと、「その価値観《かちかん》を受け入れると、自分が今まで生きやすかった生き方ができなくなる」ということも一つありますし、あるいは、その人にご先祖《せんぞ》の霊とか、その他、いろいろな、病気の霊とか、事故《じこ》の霊とか、身内や友達《ともだち》、仕事関係《かんけい》の悪霊とかが憑いている場合等は、憑いているものがすごく嫌がるので、それで拒絶感がいっそう激《はげ》しくなることもあるのです。

本章の説法《せっぽう》を行《おこな》った日も、こういう話をしていたので、もしかしたら、本会場や、あるいは衛星《えいせい》会場で、一部、現象《げんしょう》が起きていたかもしれません。体が横に揺《ゆ》れたり縦《たて》に揺れたり、コテッと寝《ね》てしまったり、場合によっては椅子《いす》ごと横に倒《たお》れたり、後ろに倒れたり、前に倒れたりする人、硬直《こうちょく》して倒れたりする人も出てきます。さらに、泡《あわ》を吹《ふ》く場合や、鼻提灯《はなちょうちん》を出す場合など、いろいろ出てくるのです。

ただ、これらはすべて「霊反応」ではあるので、見た人はびっくりはしますが、大丈夫《だいじょうぶ》です。これは、「憑いていたものが離《はな》れ始めている」ということであるので、「ああ、自分に何か憑いていたかな」と感じることがあったら、それをきっかけにして勉強を始めてもらえれば、うれしく思います。

霊的な真実を発信《はっしん》し続《つづ》けることの意味

霊的なことを活字だけで読んだり、話だけで聴《き》いたりしていても、実際上は信《しん》じられないという人は数多くいます。「それは心の迷《まよ》いだろう」「昔話ではないのか」などと言われることもあれば、「仕事をしている昼間の時間帯《たい》に、そんな話はやめてくれよ」などと言われることもあります。なかなか、この使い分けを上手にしているので、通じないことは多いと思います。

幸福の科学では、「天使のモーニングコール」というラジオ番組を、全国三十六局ネットで週末《しゅうまつ》の朝に放送しています。トークに加《くわ》え、私の説法も一部入り、私が作詞《さくし》・作曲した音楽なども入っているような番組ですが、これも放送局がだんだんと増《ふ》えてきています。

その「天使のモーニングコール」が、ある地方のラジオ局でオープン（放送開始）したとき、そこの社長も来て聴いていたのですが、その日のテーマが「守護《しゅご》霊《れい》について」のようなテーマだったのです。パーソナリティの方が、「みなさん、おはようございます。今日は守護霊についてお話をします」というようにやっていたところ、あとでその社長が、「休日の朝から守護霊の話というのは怖《こわ》くないか？　もうちょっと普通の入り方はできないのか」と心配していたそうです。

ずっとやっていると、こちらは麻痺《まひ》しているので、そういうことが全然《ぜんぜん》分からず、そんなのは普通だと思ってしまうのですが、そういう世界に関係のない人にとっては、普通ではない話なのです。

また、書籍《しょせき》では霊言集《れいげんしゅう》もそうとうの数が出ています。「そんなに出す必要《ひつよう》はない」という考えもありますが、個性《こせい》の違《ちが》いや考え方の違いをそうとう出すことで、「これだけいろいろな霊人《れいじん》が存在《そんざい》するのだ」ということをお知らせしているわけです。

やはり、知っていただきたいのです。

「自分は霊的存在で、死んだらあの世に還《かえ》る。生きていても、自分の魂のきょうだいといわれる守護霊などが存在していて、いろいろと自分を助けようとしたり、アドバイスしようとしたりしているのだ」ということ、あるいは、「生きている間にも、ほかの人から霊的な影響《えいきょう》をいろいろと受けているのだ。こういう世界のなかに私たちは生きているのだ」ということを知っていただきたいと思っています。

4　地球の科学ではまだ説明《せつめい》ができない宇宙《うちゅう》の秘密《ひみつ》

幸福の科学のＵＦＯ・宇宙人リーディングで日本がＵＦＯ先進国に

さらに、霊言集《れいげんしゅう》でやめておけばよいのに、最近《さいきん》は、ＵＦＯや宇宙人《うちゅうじん》などのリーディングもチラチラと出てき始めているので、「先生、ちょっと大丈夫《だいじょうぶ》ですか?」という意見も一部にはあるかとは思いますが、ここまで来たらもう同じです。明らかにするべきものはしておかないと、遠慮《えんりょ》をしていたら〝時間切れ〟になるので、「出すものは出す」ということで出しています。

日本は、ＵＦＯにおいては後進国でしたが、幸福の科学がかなり発表をし始めたことで、やっと先進国になってきたところです。

二〇二〇年の春には、トランプ大統領《だいとうりょう》が、地球外の生命体が乗っていると思われる未確認飛行物体《みかくにんひこう》、UFOの映像《えいぞう》を三つ公開しました。実際《じっさい》はあんなものではなく、ものすごい数があると思うのですが、いずれにせよ、アメリカは、公式にそうしたものが存在《そんざい》するということを発表しました。

一方、日本の防衛省《ぼうえいしょう》は、当時の大臣《だいじん》が「私自身は信《しん》じてはいないのだけれども、アメリカが発表したので、今後は、航空自衛隊《こうくうじえいたい》をはじめ自衛隊の方は、そういうものを見たら、写真を撮《と》るなり何なりして、できるだけ証拠《しょうこ》を集めてください」という指示《しじ》を出したようです。

当会からも、今、一生懸命《いっしょうけんめい》に参考資料《さんこうしりょう》を出しているところです。

この広い大宇宙のなかで、地球にだけ生命が住んでいるなどということはありえない話です。太陽系《けい》がある銀河《ぎんが》のようなものは何兆個《ちょうこ》もあるので、地球と同じような環境《かんきょう》のところはいくらでもあります。生命が生まれる条件《じょうけん》が揃《そろ》っているところはたくさんあるのです。

それから、「同時期に、同じレベル」ということは必《かなら》ずしも言えないので、後《おく》れたところもあれば、進んだところもあるだろうと思います。

そして、やはり、地球にも生命体が住んでいるというなら、進んだところからは観察《かんさつ》に来ているだろうということも言えるわけです。

これに関《かん》しては、唯物論《ゆいぶつろん》の人も、必ずしも全部反対というわけではなくて、「他の宇宙に、人類型《じんるいがた》のものが住んでいる可能《かのう》性はないとは言えない。環境さえあれば、進化の法則《ほうそく》でそういうことはありえるだろう」と言っています。

ただ、それをなすには、「どうやって遠い距離《きょり》を移動《いどう》してくるか」というところの説明《せつめい》ができなければいけないわけですけれども、地球の科学のレベルでは、まだそこまではできないということです。

私がUFOや宇宙の話をすれば、百数十カ国に広がる

みなさまがたの、おそらくお孫《まご》さんあたりの年代で、「もしかしたら、二億《おく》円ぐらい出せば、ようやく火星あたりまで行けるかもしれない」というぐらいかと思いますが、行っても大したものはないでしょう。見るものはほとんどありません。向こうの石ころを一個持って帰るぐらいのことしかないでしょう。

月にも行けるようになるかもしれませんが、月の裏側《うらがわ》にも〝見てはいけないもの〟がたくさんあることはあるので、困《こま》っていると思います。

アメリカもアポロ計画をやっていましたが、月の裏側で、〝見てはいけないもの〟をたくさん見てしまって、映像に映《うつ》ってしまったので、怖《こわ》くなって行かなくなったのです。ただ、また行くようになるかとは思っています。

「未知のもの」を見ると恐怖《きょうふ》を感じるのが普通《ふつう》ですから、そういうこともある

でしょうが、「秘密《ひみつ》」の内容《ないよう》を説明したら、だいたい理解《りかい》はできるようになるのではないかと思います。

私たちの魂《たましい》は、地球以外《いがい》の星にも住んでいるものもいて、その星での修行《しゅぎょう》が終わってくると、移動してくることもあります。地球でもう一回、魂修行をするとか、あるいは、地球を卒業《そつぎょう》してほかのところに移動しているものもいます。

高い次元の高級霊の世界は、「宇宙界《うちゅうかい》」という言葉を使うこともあるのですが、「ほかの星のほうともつながっている部分がある」ということを言っているわけです。

本当は、あまり言わないほうが、この世的にはよろしいのかもしれないと思いますが、「私が言わないで、誰《だれ》が言うのか」ということもあるのです。弟子《でし》に言わせても相手にされない場合もありますので、言うだけは言っておこうと思います。

最近出した本にも書いてありますけれども、世界百六十四カ国に信者がいるということは、私が「UFOや宇宙人等も来ている」という話をすれば、百数十カ国に広がるということです。これは向こうとしても都合《つごう》のよい話でありますので、そのように「宇宙からの啓示《けいじ》」を受けることもあります。

ただ、霊言集や宇宙のもののほかに、普通の、宗教的《しゅうきょう》思想を含《ふく》んだ考え方や、人間の生き方についてなど、いろいろなものを出していますが、「人間として正しい生き方をする」という、この根本《こんぽん》の筋《すじ》は外さないというのが前提《ぜんてい》です。これを外さずに、それ以外にも興味《きょうみ》・関心のあるようなこと、みなが探究《たんきゅう》したいと思うようなことを広げていくようなかたちで、周《まわ》りを掘《ほ》っていって広げているわけです。

地球の霊界《れいかい》の磁場《じば》をつくっているもの

「霊界《れいかい》」というものは、なかなか科学者では探究できないでいるようです。

ただ、私が見たところ、地球が太陽の周りを公転しながら自転していますが、二十四時間で自転している間に一つの「磁場《じば》」が生まれていて、何重かに磁場が分かれてできているような感じになっています。

こうした地球の回転によって出ている磁場のところに、「次元の違《ちが》う霊界」ができているようには見えるのです。

地球の表面にいちばん近いあたりには「四次元」という世界があって、その上に「五次元」という世界、「六次元」という世界がありますが、この自転の周りに霊界ができているのではないかと思います。

ほかの星へ行っても、人類型の生命体がいるようなところには、そういう磁場があるのではないかと思っています。

5　真理の目から見た「降魔《ごうま》の本質《ほんしつ》」とは

人生を大きく変《か》える「シンプルな真理」

このあたりが、科学ではまだ解《と》き明かせないではいるのですけれども、仏陀《ぶっだ》が二千五、六百年前に言ったとおりであって、本当は、あの世の世界というものが、「実在界《じつざいかい》」といわれる本当の世界であり、そこからときどき、この地上に魂《たましい》の一部が生まれ変《か》わってきているということです。

これはごくシンプルな話なのですが、このシンプルな話を受け入れられるかどうかということで、その人の人生はそうとう変わってくるのです。

目に見えないあの世の世界が、実際《じっさい》に自分たちが生活している世界であり、ときどき、この世は時代が変わってきますので、新しい経験《けいけん》を積《つ》むために生まれ変わってきています。

「この世の意味」というのは、唯一《ゆいいつ》、いろいろなレベルの魂が一緒《いっしょ》に生まれてきているところにあります。そして、そこで〝ジャガイモの皮剝《かわむ》き〟のようなことが起きていて、どの人が偉《えら》いやら偉くないやら分からないようなことで、いろいろな学校に通ったり、会社に行ったり、仕事をしたりしているわけです。

ですから、この地上界というのは、ある意味では、「意味がある」のです。

魂のレベルによって、あの世では行く階層《かいそう》が決まっているけれども、それが、生まれ変わってくるときは、一堂《いちどう》に会《かい》する。地上を縁《えん》として修行《しゅぎょう》をしている間に間違《まちが》った者は地獄《じごく》に堕《お》ちて、そこでまた何百年か修行をし、反省《はんせい》が終わったら、上のほうの世界にちょっと上がってきて、生まれ変わりのチャンスを、もう一回与《あた》えられる。

こうした簡単《かんたん》な世界観《かん》を教えていますが、これは本当に、繰《く》り返し、どのような研究をしてもこのような結果《けっか》になるので、受け入れたほうがよいと思います。

幸福の科学で言っている「自由」の意味

ここで述《の》べたいことは、幸福の科学も幸福実現党《じつげんとう》も「自由・民主《みんしゅ》・信仰《しんこう》」と言っているので、「自由と言っているのだから、この世に生まれたから、自由に活動したらいいじゃないか」と言う人もいると思うのですが、「いや、それは待ってください」ということです。

「この世限《かぎ》りの命で、もうあと何年か何十年かで死ぬから、やりたいことをやっておかなければ損《そん》だ」というだけであれば、それは、極端《きょくたん》な映画《えいが》のように、マシンガンでも持って壇上《だんじょう》に上がり、バババババババッと何百人も撃《う》ち殺《ころ》して「ああ、すっきりした！」というような感じの人生もありえるかとは思います。しかし、「それで終わりではありませんよ。もし死刑《しけい》になったとしても、それで終わりではありません。そのあと、反省の時間が長く続《つづ》くんですよ」ということを教えているのです。

ですから、そういうことはできないのです。自由にも責任《せきにん》が伴《ともな》うので、正しくないことをした場合には、反作用が働《はたら》きます。

したがって、正しいと思うことを自由にやって、ほかの人に対して幸福を与えることを理想としてください。

霊的《れいてき》に目覚《めざ》めてくると、世界が美しく輝《かがや》いて見える

「悲しみから喜《よろこ》びへ」という歌（作詞《さくし》・作曲　大川隆法。映画「奇跡《きせき》との出会い。―心に寄《よ》り添《そ》う。3―」イメージソング）の歌

CD「悲しみから喜びへ」（作詞・作曲 大川隆法、編曲 大川咲也加・水澤有一・原田汰知、発売 ニュースター・プロダクション、販売 幸福の科学出版）

詞にもあるように、「何かをもらえば自分が幸福になる」とか、「条件《じょうけん》が乗れば幸福になる」とか、そういう考えもあるとは思いますが、そうではなくても、もう少し霊的《れいてき》に目覚《めざ》めてくると、本当に世界が美しく輝《かがや》いて見えるようになってきます。

さまざまな種類《しゅるい》の人が、いろいろな仕事をし、いろいろな家族構成《こうせい》や職業《しょくぎょう》のなかで、それぞれの悟《さと》りを求《もと》めて努力《どりょく》している姿《すがた》を見て、「世界が美しい」と思えるようになり、この世を去れるのであれば、みなさんは成功《せいこう》したと言えると思います。

私は、本章の説法《せっぽう》の当日に集まっていたみなさんを見て、「世界は美しい」と感じました。外側《そとがわ》は多少薄《うす》く〝コーティング〟されているかもしれないけれども、やはり、〝純金《じゅんきん》〟の〝金無垢《きんむく》〟のみなさんが座《すわ》っていたと私は思っています。

地獄に行く人の特徴《とくちょう》はというと、私がよく述べているように、自分に都合《つごう》の悪いこと、自分に不幸《ふこう》が来た場合などに、だいたい、他人《ひと》のせいや環境《かんきょう》のせいにするわけです。しかし、これがいちばんいけないのです。

地獄へ行った人に訊《き》いたら、みんなそうです。はっきり言えば、〝自己中《じこちゅう》〟なのです。〝自己中〟な人が地獄に行っていて、そこで「反省しなさい」と言われたり、あるいは隔離《かくり》されて、多少鬼《おに》にいじめられたりしている、そういうところが地獄なのです。

一方、他人《たにん》に対して利他《りた》的な方、「ほかの人のために奉仕《ほうし》したい」とか「幸福にしたい」とか、「世界がもっと美しくなるといいな」と思ってやっているような人は、みな天国へ還《かえ》っています。単純なことなのです。

ですから、「自分中心に、他人《ひと》のせいや環境のせいにして、『自分はそれで不幸になったんだ』というようなことを言い続ける人はまずいですよ。その考え方は変えましょう。与えられていることはたくさんあります。恵《めぐ》まれていることもたくさんあります。素晴《すば》らしいですよ」ということです。

なお、本説法の当日の本会場には、私の川島《かわしま》中学の同級生と、川島中学のときに数学を教えてくださった恩師《おんし》も来ていました。

私は、川島中学で勉強しても、その後、東京の大学へ行き、東京や大阪《おおさか》あたりのエリート校の秀才《しゅうさい》たちと伍《ご》して戦《たたか》って、決して負けませんでしたので、川島中学の教育が悪いわけでも、徳島《とくしま》県の県立城南《じょうなん》高校の教育が悪いわけでもありません。それは、「本人の自覚《じかく》と努力」のみなのです。本人が自覚して努力すれば、すべては素晴らしくなるのです。

ですから、できたら、「田舎《いなか》だから駄目《だめ》だ」とか、「家が貧《まず》しかったから駄目だ」とか、そのように考えるのはやめましょう。

それぞれの環境は違いますし、スタート点も違うかもしれませんが、「そこからどこまで頑張《がんば》ったか」ということが測《はか》られているので、そういうかたちで自分自身を見るようにしましょう。

いろいろなハンディはあったかもしれません。「生まれたときに親が死んだ」とか、「事業が倒産《とうさん》した」とか、「お金がなかった」とか、さまざまなことはあるでしょうし、「学校も行けなかった」という人もいるとは思いますが、それでも、社会人になってから勉強しようと思えば、いろいろな勉強の仕方はあります。それを続けていけば、必《かなら》ず賢《かしこ》くなります。

したがって、乗り越《こ》えていけない壁《かべ》はありません。

あなたが生まれて、世界は美しくなったか

私は、普段《ふだん》、東京では、「平凡《へいぼん》からの出発」のようなことをよく言っているのですが、ここでは、その逆《ぎゃく》も言いたいのです。

「平凡だと思っていても、平凡ではない。どこにでも〝砂金《さきん》〟は埋《う》まっているのだ。どこであっても、よい友達《ともだち》も、よい先生も、よい導《みちび》き手の方もいる。いろ

いろな会社にだって、そういう人たちがいらっしゃるのだ」ということです。

ですから、「大会社にいるから、上司《じょうし》に立派《りっぱ》な方がいる」「小さな会社だから、上司にいい人がいない」と思ったら、とんでもないことです。そんなことはありません。いろいろなところに、「人生の師」となるべき人がたくさんいるのです。そういう方々に教わり、自分自身を磨《みが》き続けていくことです。

そして、「世界は美しい」ということです。

先ほど述べた「悲しみから喜びへ」という歌に、「私が生まれて、世界は美しくなりましたでしょうか？」という歌詞がありますが、まさにそれです。

あなたが生まれて、世界は美しくなりましたか。

世界はよくなりましたか。

これを自分に問うてください。そして、「イエス」と言えるなら、それは人生に成功したということです。そういう気持ちで生きてください。

いろいろな情報《じょうほう》を入れたため、混乱《こんらん》している人もいるかと思いますが、根本《こんぽん》は非常《ひじょう》にシンプルです。

この世に生まれたことに意味を見つけ、ほかの人のお役にも立てる人生を生き切り、そして、この世を見事に卒業《そつぎょう》していくことこそ、大事なことである。

そのような単純なことを教えるのが、宗教《しゅうきょう》なのです。

この部分がなくなり、この世的な学問だけでいくと、最後《さいご》の一押《ひとお》し、一跳《ひとと》びができないために、この世を去れずに不成仏《ふじょうぶつ》となる方がたくさん出てきます。

さらにまた、それを動かしている、英語《えいご》では「デーモン」「デビル」などといわれる「悪魔《あくま》」が支配《しはい》している世界もあります。これは、簡単に考えれば、ヤクザの組織《そしき》のようなものだと考えればよいでしょう。そういったところでは、子分《こぶん》を使って、いろいろと悪いことを数多くやっていますが、地獄が長くなると、そういう人たちもいるということです。

そうした世界に入ったらなかなか出てこられなくなるのは、この世でも霊界《れいかい》でも同じであり、そこから出てこられなくなる人はいるわけです。

精神的《せいしん》な高みを目指し、一人ひとりが輝《かがや》ける星となれ

「降魔《ごうま》の本質《ほんしつ》」というのは、こうした霊的世界観を知った上で、自分自身の輝《かがや》きを知ること、また、他の人々、自分を取り巻《ま》くさまざまな方々の輝きを知って、感謝《かんしゃ》・報恩《ほうおん》する生き方をすることです。

それができたら、「降魔」は自然《しぜん》にできるようになります。あまり怖《こわ》がりすぎる必要《ひつよう》はありません。

そして、すべての人は、少なくとも、小さくとも、〝法力《ほうりき》の走り〟のようなものは持っていますし、最初《さいしょ》に述べたように、勉強をすれば、うっすらとした後光《ごこう》を出すぐらいのところまでは行けます。修行をすれば、できるようになるのです。

そうすると、いろいろな悪いものは、憑《つ》いていられなくなっていきます。

これが、「波長同通《はちょうどうつう》の法則《ほうそく》」ということです。

ですから、みなさん自身のレベルには多少の差《さ》はあるかもしれませんが、「一定の悟りを得《え》ること」については可能《かのう》性があるということです。これは「民主主義《みんしゅしゅぎ》の考え」とも一致《いっち》していると、私は思います。

精神《せいしん》的な高みを求めてください。

学問をして頭がよくなるということも、出世をしたり、この世において役に立ったりするための基本《きほん》ではありますが、これは最終ではありません。最終的には、精神的に高みを目指していくことが、とても大事なことなのです。

みなさん一人ひとりが、輝ける星となることを心よりお祈《いの》り申し上げて、本章の話とします。

どうか、頑張っていきましょう。

第5章

信《しん》仰《こう》からの創《そう》造《ぞう》

人類《じんるい》の危機《きき》を乗り越《こ》える秘密《ひみつ》

1　世界で起きている予期せぬ事態《じたい》

コロナウィルスにそれほどまでに恐怖《きょうふ》する必要《ひつよう》はない

二〇二〇年は、みなさんが予期していなかったような、さまざまな困難《こんなん》が起きました。

大きな会場は使えない所が多くなり、本章のもとになった御生誕祭《ごせいたんさい》の法話《ほうわ》も、幸福の科学の総本山《そうほんざん》・正心館《しょうしんかん》を本会場として、全世界衛星中継《えいせいちゅうけい》をかけるということになりました。

私は多くの人に集まっていただくのが好《す》きなので、「小さく、小さく」と言われると、だんだん力が抜《ぬ》けていき、ブラックホールのように小さくなっていくような気がして、残念《ざんねん》でなりません。

海外で衛星中継を観《み》ていた方もいますが、集会を開くのが難《むずか》しい地域《ちいき》の方々には、可能《かのう》ならば自宅《じたく》にまで配信《はいしん》するように計らっていただきました。

集会等を開いても密接《みっせつ》して座《すわ》ってはいけないなど、世の中のそうした流儀《りゅうぎ》を見ていると、私はもう「宇宙《うちゅう》の法」を説《と》くのがはるか遠くに行ってしまいます。「この世の法」は、けっこう厳密《げんみつ》で難しいものだなと思わざるをえません。

二月から、数百人あるいは千数百人を集めて行事をやっていたところ、「幸福の科学は大勢《おおぜい》を集めて行事をやっている。非常《ひじょう》に強気だ」というような記事が載《の》りましたが、私には何が強気なのかが全然《ぜんぜん》分かりません。普通《ふつう》にやっているだけなのです。地方行事は、本当に普通の小さな行事としてやっていたのですが、「よそは一人も集まれない」という状況《じょうきょう》だったようです。

彼らは何を信じているのでしょうか。現代《げんだい》科学のなかの医学の、一部の人たちの意見を信じてやっているのだろうとは思いますが、「何を言っているのだ」ということです。私の講演会《こうえんかい》を聴《き》いて、コロナウィルスなどに罹《かか》るわけがないでしょう。当たり前です。

ウィルスなど、まだ生物にもなっていないレベルの存在《そんざい》です。「私たちはクジラぐらいの大きさで、向こうはプランクトンぐらいの大きさなのだ。こんなものに倒《たお》されてたまるか」という気概《きがい》を持っていれば、絶対《ぜったい》に大丈夫《だいじょうぶ》なのです。

ところが、恐怖心《きょうふしん》が回り、「何か理由があったら、病気になって死にたい」と思っているような人は、これを機《き》に倒れて入院してみたくなるのです。そして、急いで病院に行き、そこでもっと悪くなって亡《な》くなっている人がたくさんいるのです。

日本はまだ大騒《おおさわ》ぎをしていますが、これを縁《えん》として肺炎《はいえん》で亡くなった人は一万数千人ぐらいであり、罹った人も累計《るいけい》で百七十万人程度《ていど》です（二〇二一年十一月二十二日時点）。

なお、昨年比《さくねんひ》死亡者《しぼうしゃ》総数は一万七千人以上減少《いじょうげんしょう》（二〇二〇年十月報道《ほうどう》）したとされています。

これは、他の病気に比《くら》べると、あまりにも小さすぎます。例《たと》えば、東京都に千四百万人も住んでいるなかで、「百人、二百人が感染《かんせん》した。あるいは、熱《ねつ》が三十七度五分以上出た」と言っても、これはもう、石を投げても当たらないぐらいの確率《かくりつ》なのです。

みなさんがあまりに萎縮《いしゅく》し続《つづ》け、いろいろな活動を止めているのを見ていると、少し残念な感じがします。恐怖心に負けています。恐怖心のほうが勝ってしまい、自宅に「巣《す》ごもり」している状態《じょうたい》が何カ月か続いていました。

私は、それほどまでに恐怖する必要《ひつよう》はないと思っています。それは、「信仰《しんこう》の力」があれば、十分に勝てると思っているからです。

コロナ禍《か》でも教会を開けるように求《もと》めたトランプ大統領《だいとうりょう》

外国では、コロナウィルスがまだまだ広がっている所もあります。幸福の科学の教えがまだ十分には広がっていないので、「戦《たたか》う力」が十分ではないのかなと思います。

それでも、アメリカではトランプ大統領《だいとうりょう》が、コロナウィルスが非常に流行しているなかでも、「教会だけは開けておけ」ということを言いました。「いろいろな所で集会は禁止《きんし》だが、教会は開けろ」というように言ったのです。

私は、これは偉《えら》いと思います。「神様に祈《いの》る所は開けなければ駄目《だめ》だ。そこに行ってはいけないなどということを言っては駄目だ」というわけです。彼は、頭のなかでは、「現代の学問のなかの、科学のなかの医学より、やはり信仰のほうが上である」と考えているのでしょう。

今、アメリカは、非常に厳《きび》しい窮地《きゅうち》のなか、何とかして復活《ふっかつ》しようとしているところだと思いますが、必《かなら》ずや復権《ふっけん》して、強いリーダーになってくれることを祈りたいと思います。

アメリカでは四千七百万人を超《こ》える感染者が出たとのことですが（二〇二一年十一月二十二日時点）、単《たん》に、幸福の科学の伝道《でんどう》が遅《おく》れているだけのことです。もう少し広がっていれば、このようにはならずに済《す》んだのです。

イスラム教の国々でも、コロナウィルスの病気は流行《はや》っていますが、そちらもけっこう集会禁止になっているようです。

残念ながら、アッラーの神は向こうで応《こた》えたまわないのです。もう少し〝東〟のほうに向かって呼《よ》んでいただければ光を送れるのですが、天上に向かって拝《おが》んでいるので、残念ながら聞こえてこないことも多いのです。

人類《じんるい》を見守ってきた神の名は「エル・カンターレ」

人類《じんるい》の歴史《れきし》のなかでは、いろいろなことがあります。いろいろな病気も起きましたし、いろいろな天変地異《てんぺんちい》や自然災害《さいがい》も起きました し、戦争《せんそう》もありました。本当にさまざまなことが起きました。人口が半分になったり、三分の一になったりした時代もありました。

いろいろな時代を見続けてきました。喜《よろこ》びも悲しみも人類と共《とも》にしながら、私は生きてまいりました。

今、みなさまがたの前に、大川隆法として現《あらわ》れています。日本では、おそらく九十パーセントぐらいの人は、「大川隆法」という名前は知っていると思いますが、それでもまだ、「エル・カンターレを知っていますか」というアンケートを取ったら、比率《ひりつ》はかなり減《へ》るのではないかと思います。「エル・カンターレ」というと、知っているかどうかは分かりません。

幸福実現党《とう》の支持率《しじ》とどちらが上か、一回調べてみたい気持ちもありますが、やってみると怖《こわ》い感じがして、なかなかできないところもあります。おそらく「大川隆法」よりは、だいぶ少ない数になるとは思います。

しかし、全世界の、神を信じる人々、宗教《しゅうきょう》を信じる人々は、今こそ神の名を呼ばねばならないときなのです。そういうときに、その神の名を知らないというのは、残念なことであると思います。

過去《かこ》、宗教が幾《いく》つもできました。「それらは役に立っていない」とは言いません。今も有効《ゆうこう》なものは数多くあるでしょう。

ただ、そうした教えがバラバラに説かれた時代は、交通の便《べん》が悪く、お互《たが》いに行き来ができなかった時代です。

今、世界が一つになっていることは、今回のコロナウィルス感染でも明らかになったと思います。中国の武漢《ぶかん》市で発生したものが、あっという間に全世界に広まってしまいました。そして、発生地以上の数の感染者が地球の反対側《がわ》で発生しているようなことも起きています。

ウィルスの正体云々《うんぬん》については議論《ぎろん》があるので、ここではそれほど深く述《の》べるつもりはありません。ただ、「今、世界は、よい意味でも悪い意味でもつながっている」ということを、私たちは知らねばなりません。

ですから、日本という国で、今、私は教えを説いていますが、これは日本国内だけでの宗教では収《おさ》まらないし、日本国内向けの教えでも収まらないのです。

私の話は、例えば、ウガンダの首都からはるかに離《はな》れた所にいる人たちも、村で集まって聴いています。観ています。こういうことを意識《いしき》しながら話をしなければならないと思っています。

2　これから始まろうとしている奇跡《きせき》の時代

アフリカで起きた「亡《な》くなった子供《こども》が蘇《よみがえ》る奇跡」

二〇二〇年八月公開のドキュメンタリー映画《えいが》「奇跡《きせき》との出会い。―心に寄《よ》り添《そ》う。３―」（企画《きかく》・大川隆法）のなかに、メインレポーターの一人がウガンダの郊外《こうがい》の村まで行って、出迎《でむか》えられるシーンが出てきます。

そして、遠く離《はな》れたアフリカの中央部で起きた奇跡として、「あるお子さんが亡《な》くなったが、お父さんが『正心法語《しょうしんほうご》』（幸福の科学の根本経典《こんぽんきょうてん》）を四十五分間読み続《つづ》けたところ、医学的には死んでいたその子供《こども》が生き返った」という話を紹《しょう》介《かい》しています。

キリスト教で言う「ラザロの復活《ふっかつ》」のようなものの現代版《げんだいばん》です。「村の人はみな、その子が四十五分間死んでいたのを知っている。しかし、四十五分間、英文《えいぶん》の『正心法語』をあげ続けたら生き返ってしまったので、村中が幸福の科学の信《しん》者《じゃ》になった」という話が出てくるのです。

信仰心《しんこうしん》が、もっと純粋《じゅんすい》でストレートなのだろうと思います。日本だと、病院に入っていたら、『正心法語』を読んでもなかなか生き返らせてくれない可能性《かのう》はあります。「死んだことになっている」ということで、霊安室《れいあんしつ》に移動《いどう》している可能性がありますが、現実に、今の時代に、『正心法語』を父親が四十五分間読み続けただけで生き返った人がいるということです。

「ラザロの復活」というのは、「死からの復活」という意味では、キリスト教の唯一《ゆいいつ》の奇跡です。「死からの復活」は、イエス本人の十字架《じゅうじか》の復活を除《のぞ》けば、あれくらいしかありません。ですから、最大《さいだい》の奇跡の一つであると思います。

それが、アフリカの、当会の職員《しょくいん》ではない一信者が『正心法語』を読み上げただけで、人が蘇《よみがえ》ったのです。それは、やはり、「エル・カンターレ」を強く念《ねん》じて読み続けたからでしょう。「奇跡はある」と思って読み続けたら、本当に復活して心臓《しんぞう》が動き始めて生き返り、元どおりになって、今は学校に通っています。ありえないようなことが起きてしまいました。

幸福の科学は宗教《しゅうきょう》として大きな力を秘《ひ》めている

みなさんのなかには、この映画を観《み》た方もいるでしょうが、こうしたことが全国各地《かくち》、あるいは世界各地で起きています。

しかし、これはまだ序《じょ》の口であり、本当に「信仰」というものが行き渡《わた》ってきたならば、このようなものでは済《す》まないことになると思います。

世界に二十億《おく》人もの信者がいるといわれているキリスト教のイエス・キリスト

でさえ、幸福の科学のなかでは、一人の指導霊《しどう》にしかすぎません。その現実を知ったときに、「幸福の科学という宗教《しゅうきょう》が、どれほど大きな力を背後《はいご》に秘《ひ》めているか」ということを、どうか知っていただきたいと思います。

私たちは、これから、今まで以上《いじょう》に、予想されないものを見、聞き、感じ取ることになるでしょう。そして、この地上に生きておりながら、「この地上では、こんなことがあってはならない」と思うようなことが数多く起きるようになるでしょう。

みなさまがたの多くが、現代の教育やマスコミ、あるいは隣《となり》近所の人々の意見等によって洗脳《せんのう》され、「本来の自分の力」や「本来の天上界《てんじょうかい》の神仏《しんぶつ》の力」を知らないままに生きています。

ですから、これから、「本当の世界」というものをお見せしたいと思っています。

人間の考えを次々と突破《とっぱ》してくる「自然災害《しぜんさいがい》や天変地異《てんぺんちい》の力」

二〇二〇年は、ゴールデン・エイジの始まりの年ということになっています。それなのに、なぜ、いきなりコロナウィルスから始まって、それが世界中に広がっているのでしょうか。

また、日本では、九州の熊本《くまもと》から大雨による大洪水《だいこうずい》が起き、さらに、九州全域《ぜんいき》に広がって、何十人もの人が亡くなり、被災者《ひさいしゃ》は数万人になりました。そうした国内の放送を聞けば、「大変《たいへん》なことだな」と思うかもしれません。

しかし、お隣の中国でも、報道《ほうどう》はほとんどされませんが、実は大洪水が起きています。大雨が降《ふ》って、被災者が七千万人以上も出ているのです（発刊《はっかん》時点）。これは、ものすごい数です。

現地に住んでいる方は、「これが何を意味しているか」を少しずつ感じてきていると思うのですが、いろいろな自然災害《しぜんさいがい》や天変地異《てんぺんちい》等は、人間が小賢《こざか》しい頭で考えて、「これでいける。大丈夫《だいじょうぶ》」と思っているものを、みな突破《とっぱ》してくる力を持っているということを知っていただきたいのです。

例《たと》えば、熊本では何度も災害に遭《あ》っていますけれども、「川の水は、それほど上がるものではない」というように思っていたのでしょう。今回も、聞いてみると、「川の水が九メートルの高さまで上がってきた」といいます。海ではあるまいし、それほど上がってくるはずはないと思うでしょう。これでは家が沈《しず》んでしまいますが、そんなことがあるわけです。

そのように、日本では「国土強靱化《きょうじんか》」といって、いろいろなことをやってもやっても、次々と破《やぶ》られるようなことが起きてきます。ただ、これは、すでに述《の》べていたことではあります。二〇一九年の秋には、台風がたくさん来ましたが、日本以外のところでも、そうした被害は出ています。

「バッタの害《がい》」が世界各地《かくち》で起きている理由

また、これ以外にも、アフリカ東部のケニアあたりを中心にサバクトビバッタというものが発生し、アフリカに広がり、アジアのほうにも移動して、パキスタン、インドのほうにも入ってきました。そして、穀物《こくもつ》を食い荒《あ》らしていました。

英語では、「デザート・ローカスト（desert locust）」と言うようです。「砂漠《さばく》のイナゴ」というような意味でしょうか。

それから、中国でも、バッタとイナゴの両方が独自《どくじ》に発生し、実は、いろいろな穀物を食い荒らしていたと思います。

サバクトビバッタは、「一日に二グラムぐらいの草を食べて、百五十キロメートル、空を飛《と》んで移動する」というのですから、たまったものではありません。

これでは、ウランのようです。原子力エネルギー並《な》みです。みなさんは二グラムの草を食べて、百五十キロメートルも空を飛べますか。もうこれは、人間だったら不可能《ふかのう》としか言いようがないでしょう。

「草を二グラム食べて、百五十キロメートル空を飛ぶのか。これは大変だな」という感じがしますが、それで、さらに子供を産《う》みながら飛んでいくのです。そうして、どんどんどんどん増《ふ》えていって、何兆匹《ちょうひき》と飛んでいくわけです。

さらには、南米でも同時に発生し、食料危機《しょくりょうきき》が起きています。コロナウィルスも流行《はや》っているのですが、ここにもバッタが発生しています。

そのように、モーセの「出《しゅつ》エジプト記」などを読むと出てくるような、神が起こした災《わざわ》いに近いものがたくさん起きています。

「これらが、なぜ同時に起きるのか」ということについては、今は内緒《ないしょ》です。ただ、まったくの内緒でもなく、少しぐらいは分かるかもしれません。「エル・カンターレが下生《げしょう》しているのに、人類《じんるい》はたるんでいる！」という意味での自然現《げん》象《しょう》も起きているかもしれないのです。

ただ、あまり言って〝祟《たた》りの神〟になるといけないので、私は言いすぎないように気をつけています。少しは祟りも起きるけれども、「救済《きゅうさい》」も、もっと大きく起こすつもりでいるのです。

「本当の救済《きゅうさい》」「本当の幸福・不幸《ふこう》」とは何か

ただし、「救済《きゅうさい》」といっても、「この世における救済」というのは最終的なものではなく、一時的なものにしかすぎません。

最終的な救済というのは、「この世に生きている人たちが、死んであの世に還《かえ》ったあとに、きちんとした天上界《てんじょうかい》に還れる」ということです。

この世に生きているときに間違《まちが》った生き方をして、地獄《じごく》にたくさん堕《お》ちていくのなら、それは救済にはならないのです。たとえ、病気が一年ぐらいよくなったとしても、それだけで救済できたかというと、そのようなことはありません。

最終的には、次のようなことを知っていただきたいのです。

人間は霊的な存在《そんざい》、魂《たましい》を持った存在であり、「霊天上界」「実在界」という世界が本当にあって、そこには、「神仏」といわれるような高度な存在から、「菩《ぼ》薩《さつ》」や「天使」のような存在がいて、地上を見守っています。

そうした世界のなかから、みなさんもこの世に生まれ、何かの仕事・任務《にんむ》を持ち、この世のなかで「ユートピア」をつくろうとして、いろいろな職業に就《つ》きながら現実に仕事をしているのです。

しかし、決まっていることは、「全員が死の下《もと》に平等である」ということ、「確《かく》実《じつ》に、いつかは死ななければいけない」ということです。

したがって、死そのものが不幸《ふこう》ではありません。

「何もなさずして死ぬこと」が不幸です。

「人を不幸にして死ぬこと」が不幸です。
「人を幸福にせずして死ぬこと」が不幸です。
「人を導《みちび》かずして死ぬこと」が不幸なのです。

そのように、幸福・不幸についての考え方も、少し変《か》えていただきたいと思います。

例えば、この世限《かぎ》りの人生を何十年と限って、「そのなかで家族が幸福だったらよい」というのは、本当に小さな幸福なのです。

この世に生まれてくるのも、なかなか大変なことであり、「この世に生まれてきて、ご両親が育ててくれて、大人になって活躍《かつやく》する」というのは、それほど簡《かん》単《たん》なことではありません。

さらに、体が健康《けんこう》で、人もうらやむようないろいろな仕事に就いているような方は、「それだけ大きな義務《ぎむ》を背負《せお》っているのだ。大勢《おおぜい》の人たちを幸せの彼岸《ひがん》に導いていくだけの義務があるのだ」ということを知っていただきたいのです。

3 経済的《けいざい》な恐慌《きょうこう》を乗り越《こ》えるには

コロナウィルス禍《か》で感じられた、日常《にちじょう》のなかの幸福

今回のコロナウィルス禍《か》で、みなさんも何カ月間か、今まで見たことのないような光景《こうけい》を見たり、したことのないような体験《たいけん》をしたりしたと思います。

ただ、それは悪いものばかりではないと、私は思うのです。そうした体験によって、今まで「当たり前だ」と思っていたことが当たり前ではないことを感じたのではないでしょうか。

例《たと》えば、「会社に行けることぐらいは当たり前で、もう毎日起きてネクタイを

締《し》めて行くのが嫌《いや》だな」と思っていたのが、「八割《わり》は自宅待機《じたくたいき》してください」と言われて、ちょっと驚《おどろ》きだったでしょう。「八割が自宅待機しているうちに、『もう来なくてよい』と言われたらどうなるのだろう」という不安感《ふあん》は、ないわけではなかったと思います。

「会社に行って座《すわ》っていれば、とにかく給料《きゅうりょう》は出る。机《つくえ》さえ守っていればよい」という感じだったのが、「来なくてよろしい。用があれば、テレワークでできますから」と言われたら、「用がなくなったら、どうなるのですか」ということです。それは、仕事がなくなるということでしょう。

そして、アルバイトで雇《やと》われているような人だけが会社のほうに来ていたりします。一方、「正規《せいき》社員は自宅でテレワークを」ということなので、「これはもしかすると、将来《しょうらい》、恐《おそ》ろしいことになるのではないか」と思ったのではないでしょうか。やはり、机を確保《かくほ》している人のほうが生き残《のこ》る可能《かのう》性はあるでしょうから、大きな会社がこれからどうなるかは、とても不安だと思います。

それから、今まで考えたこともないようなことが出てきています。

「人との距離《きょり》を取ってください」「外に出ないでください」「子供《こども》を公園で遊ばせないでください」「買い物には、毎日行かないでください。三日に一回にしてください」というように、家族で散歩《さんぽ》代わりに行かないでください。家族で散歩代わりがないようなことばかり、たくさん出てきました。

これについて、私は、「近代経済学《けいざいがく》は崩壊《ほうかい》するし、民主主義《みんしゅしゅぎ》も崩壊するし、もう軍隊《ぐんたい》さえ成《な》り立たなくなります」と述《の》べました。

密室《みっしつ》のなかにいてはいけないのであれば、船も飛行機《ひこうき》もみな駄目《だめ》になりますし、密集した軍隊も使えなくなります。また、選挙《せんきょ》についても、アメリカでは選挙活動を行《おこな》っていますが、人と会ってはいけないのなら、本当は、あれはやめなくてはいけないところでしょう。

「お互《たが》いに機械《きかい》を通じてつながるだけの世界」という、映画《えいが》ではたまにある未《み》来《らい》社会がありますが、こうなると、もう、そのような社会しか来なくなります。

これは、今、私たちに考える余裕《よゆう》を与《あた》えてくれているのだと思って結構《けっこう》だと思います。

「他人《ひと》と一緒《いっしょ》に働《はたら》けたり、付《つ》き合えたりすることが、どれほど幸福か」「公園で子供を遊ばせることができるということが、どれほど幸福か」「満員《まんいん》電車が嫌だと思っていたけれども、満員電車で会社に行けるということが、どれだけ幸福か」「きちんと働いていなくても給料が出ているということが、どれほど幸福か」ということです。

あるいは、専業主婦《せんぎょうしゅふ》で、「毎日買い物に行くだけで、大した仕事がなくてつまらない」と言っていた人であれば、「毎日買い物に行けるということは、これほど幸福なことなのか」というようなことを感じているのではないかと思います。

本当に大きな「経済的な恐慌《きょうこう》」が来る可能性《かのう》がある

今回、日本では、法律《ほうりつ》も出ていないのに、自粛要請《じしゅくようせい》が出ただけでいろいろなお店がどんどんどんどんどん閉《し》まっていき、いつ開《あ》くか分からないというようなところがありました。

私もいろいろと回って見ていたのですが、その要請に従《したが》わずに店を開けている人たちは、勇気《ゆうき》が要《い》っただろうと思います。ある種《しゅ》の食堂《しょくどう》や、ある種の喫茶《きっさ》店、ある種の路面店などは開けていましたが、こわごわ開けていました。「なぜ開けているんだ」と言われるのを怖《こわ》がりながら開けていて、「働いたら怒《おこ》られる」という恐ろしい時代が来ているわけです。

「働くな」と言われて、「では、どうすればよいのですか」と言うと、「それについては、これから対策《たいさく》をする」と言うのです。政府《せいふ》等は「お金を出すかもしれない」と言っていますが、ずっとお店を閉めていたら、お金をもらっても、もう仕事がなくなるのは確実でしょう。

そのため、すでに仕事をやめた人がたくさん出てきていますが、本格的《ほんかく》になるのはこれからだと思うのです。今、世界への旅行も自由ではありませんし、いろいろな仕事が、実際《じっさい》上、機能麻痺《きのうまひ》している状態《じょうたい》なので、本当に大きな「経済的な恐慌《きょうこう》」が来るのはこれからだと思います。

本章の法話《ほうわ》をする前日、総本山《そうほんざん》・正心館《しょうしんかん》のある宇都宮《うつのみや》へ行くために、大宮駅《おおみや》で新幹線《しんかんせん》の乗り換《か》えをしたのですが、大宮駅のプラットホームを歩いてみると、キオスクという、コンビニのような店が三つほどホームにありました。

ただ、そのうちの二つには、「三月十四日より、要請によって店を閉めています」というように書かれていました。その時点で、約《やく》四カ月は閉まっていたということです。

中央にある店が一つだけ開いていることになっていたのですが、「朝の七時から午後の一時まで営業《えいぎょう》しています」とあって、私は一時半過《す》ぎに行ったので、もう閉まっていました。ですから、ホームにあるキオスクは全部閉まっていたわけです。

それが、自粛四カ月目です。こんなことをしていたらどうなるか、想像《そうぞう》はつきます。もう元には戻《もど》らないでしょう。

そのため、「JRや大手の航空《こうくう》会社等が、何兆《ちょう》円、何十兆円という赤字を出して倒産《とうさん》していったら、どうなるのだろうか」ということも考えました。

また、大きな百貨《ひゃっか》店等が店をずっと閉めていましたが、百貨店が物を売らなければ生きていけるわけがなく、政府や地方自治体《じちたい》からお金をもらったところで、やってはいけません。そうとうのクビ切りがなされ、失業者《しつぎょうしゃ》が出るのは確実だろうと思います。

幸福の科学は、たいへん申し訳《わけ》ないことに、政府の言うことも地方自治体の言うこともきかずに、三月以降《いこう》も通常《つうじょう》どおり働いていました。総合本部も、いつもどおりの仕事をしていました。私も、いつもより少し余分に働きました。当会の場合、世間《せけん》の常識《じょうしき》とは逆《ぎゃく》に行くのが普通《ふつう》なのです。

大事なのは、「仕事ができる体制《たいせい》」に戻《もど》していくこと

だいたい、世間でみんながウワーッと行くときには、もう終わっていることが多いのです。次の段階《だんかい》を考えておらず、後手後手《ごてごて》になっています。

例えば、世間では、国からの給付金《きゅうふきん》で十万円を個人《こじん》にくれたり、事業補償《ほしょう》で三十万円や五十万円、百万円などをくれたりしました。申請して待っている人と、すでにもらった人がいると思いますが、そういうことよりも、やはり、「どのようにして、もう一回、仕事ができるような体制《たいせい》に戻《もど》していくか」という空気づく

りが非常《ひじょう》に大事ではないかと思います。

やはり、恐怖心《きょうふしん》に負けていますし、「未知なるものに対して弱すぎる」という感じがするのです。

春以降、結婚式《けっこんしき》もほとんど行えなくなり、先延《さきの》ばしばかりをしていましたが、先延ばしをしていたら、関係《かんけい》会社はみな大変《たいへん》なことになります。

目に見えないウィルスなど、もうどうでもいいので、結婚式などはどんどんやったらいいのです。大安吉日《たいあんきちじつ》だけではなく、仏滅《ぶつめつ》の日だって、お釈迦《しゃか》様が天上界《てんじょうかい》に還《かえ》られた、とてもありがたい日なのですから、もう気にせずにやったらいいと思います。

世間がウワーッと行くときには、立ち止まってみることです。たいてい、それとは反対側《がわ》の考え方が「霊的《れいてき》なものの考え」であり、「神仏《かみほとけ》の考え」は世間とはだいたい〝逆〟のほうが多いことを知ってください。

今はお金をもらっても、実際上、使い途《みち》はそれほどないのです。少しずつ再開《さいかい》してはいるものの、「買い物にはあまり行くな」「海外旅行にもあまり行くな」と言われていて、海外にも行けません。

定年退職《たいしょく》をした人が、「人生で最後《さいご》」と思い、退職金をつぎ込《こ》んでクルーズ船に乗ったら、みな逃《に》げられない〝檻《おり》〟のなかで病気に罹《かか》らざるをえないような感じになるので、本当に恐ろしい世の中ではあります。

ですから、今はお金をもらったところで使えないのです。

また、お金を持っている人、給料が下がっていない人もいます。公務員《こうむいん》等は給料が下がっていませんが、こういう人たちも、消費《しょうひ》が落ちているのでしかたなく株《かぶ》を買うなどしていて、そのために株価《かぶか》が上がったり、金《きん》が最高値《さいたかね》を付けたりしています。

そのように、いろいろと投資《とうし》をしているのですが、実際上、これはおかしいのです。世界の情勢《じょうせい》を見たら大恐慌が来るのは確実なのに、一生懸命《いっしょうけんめい》、株を買っているのです。あとで〝紙切れ〟になるかもしれないのに、一生懸命、株を買っている人がいるわけです。

もちろん、少しだけ利益《りえき》を抜《ぬ》くことはできるかもしれません。早く買って早く売れば、利益を取れるかもしれませんが、客観《きゃっかん》的には、「恐慌になるのに株を買う」というのはバカなことなのです。

ただ、預金《よきん》に利子はほとんど付かず、「預金封鎖《ふうさ》」という声も出てきているぐらいなので、もしかしたら、銀行に預金を置《お》いておくと、なくなるのではないかと思っているのかもしれません。

これは、一九九〇年代の終わりにも一回ありました。「銀行に置いておいても、金《かね》がなくなる」ということの怖さは、九〇年代の終わりに、一回、「金融危機《きんゆうきき》」で経験しています。

根本的な〝治療《ちりょう》〟は「きちんと仕事をすること」以外《いがい》にない

これは戦《たたか》いです。根本的な〝治療《ちりょう》〟は、「恐れずに、もう一回、きちんと仕事をすること」です。これ以外《いがい》にないのです。〝紙切れ〟をいくら撒《ま》いても駄目です。お札《さつ》を撒いても、それで治《なお》るものではないのだということです。

財政法《ざいせいほう》の第五条《じょう》には、「国債《こくさい》を直接《ちょくせつ》、日銀が引き受けてはいけない」というようなことが書いてあります。ただし、特例《とくれい》があり、「特別《とくべつ》の事情がある場合には、この限《かぎ》りでない」というようなことも書いてあるので、〝特別の事情〟で、一生懸命、普通の銀行に買わせられない分の国債を、日銀が直接引き受けています。

これは、どういうことでしょうか。日銀は、二十円から二十五円ぐらいの原価で一万円札を刷《す》り、それを一万円の〝商品〟として売って流通させているわけですが、借金《しゃっきん》が一千百兆円も一千二百兆円もある国が出している国債を、日銀が直接買っているということですから、もしこの国債が〝紙切れ〟になるものだったなら、日銀まで一緒に〝あの世行き〟ということになります。その可能性《かのう》も、今、近づいてはいるのです。

それをマクロ経済学で考えたら、この先はもうどうしようもありません。残っているのは、「個人の預金」と「企業《きぎょう》の内部留保《りゅうほ》のお金」です。ここが残っているので、次はこれを取ろうとして、政府は「増税《ぞうぜい》」を狙《ねら》っているはずです。今、政府や地方自治体がお金を撒いていて、国民はそれを機嫌《きげん》よくもらっていますが、次には「増税」が来るので、これに耐《た》えなければいけないのです。

「自分自身のミッションとは何か」を感じ取ることが大事

しかし、結局、それだけでは戦い抜けないので、やはり、早く通常の仕事の軌《き》道《どう》に、仕事モードに戻していかねばなりません。私たちは、恐れを乗り越《こ》えて戦わなければならないということです。

ですから、「原点」に戻ることです。昔から病気も事故《じこ》もあります。それから、自然現象《しぜんげんしょう》、天変地異《てんぺんちい》、大雨、洪水《こうずい》、津波《つなみ》、地震《じしん》、火事、こういうものはずっとあるので、これらと付き合っていかなくてはならないのです。富士山《ふじさん》が噴火《ふんか》しようがどうしようが、やはり、人類《じんるい》の営《いとな》みは続《つづ》かなければならないのです。

そういうわけで、特効薬《とっこうやく》があるとは思わずに、まずは毎日毎日を充実《じゅうじつ》した生活に変《か》え、神仏《しんぶつ》に祈《いの》りを捧《ささ》げながら、この世の中にとってプラスになり、来世《らいせ》に幸福な未来を築《きず》くために役に立つような仕事のほうに、エネルギーを注いでいくことが大事です。

どんなに頑張《がんば》っても、いつかはこの世から離《はな》れていかねばなりません。

その意味では、映画「夜明けを信《しん》じて。」（製作総指揮《せいさくそうしき》・原作 大川隆法、二〇二〇年十月公開）の歌のように、「ただ一人往《ゆ》く」というところが要ると思うのです。あるいは、「たとえ世界を敵《てき》に回しても、やらねばならぬことがある」という感じでしょうか。

「自分自身のミッションとは何か」ということを感じ取ることが大事です。「私は、これをやるために、今世《こんぜ》、この地上に生まれたのだ」ということを、やはり、それぞれが思うことが大事であると思うのです。

4 信仰《しんこう》の柱を打ち立て、繁栄《はんえい》の未来《みらい》を実現《じつげん》せよ

災厄《さいやく》に対し、信仰心と法力《ほうりき》で戦《たたか》った行基《ぎょうき》・空海《くうかい》・日蓮《にちれん》

本章のタイトルは「信仰《しんこう》からの創造《そうぞう》」ということで、非常《ひじょう》に難《むずか》しいテーマではあります。

問題点の一つとしては、先進国のなかにも「宗教《しゅうきょう》がある」というところはあるけれども、その「宗教の中身」、「信仰の中身」はずっと薄《うす》くなってきているということがあります。

日本にしても、「信仰があるのやら、ないのやら、もはや分からない」ような状況《じょうきょう》であり、北朝鮮《きたちょうせん》や中国とすぐに同じようになれそうな雰囲気《ふんいき》が漂《ただよ》う国になっています。したがって、ここは一発、バシッと柱を立てなければ駄目《だめ》なのだということです。

明治以降《めいじいこう》の日本が不十分《ふじゅうぶん》であるならば、やはり、それ以上のしっかりとした信仰心、本物の信仰心がある宗教を立て、それに基《もと》づいて、人間としての生きるべき道というものをはっきりとさせ、仕事をし、他の人との関係《かんけい》を結《むす》んでいくことが大事なのです。

奈良《なら》時代にさまざまな病気等が流行《はや》ったときには、行基菩薩《ぎょうきぼさつ》が奈良の大仏《だいぶつ》を建《た》てました。当時の国家予算の二倍だったと言われているので、今であれば二百兆《ちょう》円ぐらいかけて大仏をつくったことになります。それほど集めることができたということです。

それは、お坊《ぼう》さんにそれだけの徳《とく》があったということでもあるでしょう。政府《せいふ》のほうでは集められないので、行基菩薩に頼《たの》んで集めてもらい、また、スケジュール管理《かんり》から、人々に対する協力要請《きょうりょくようせい》等、建てるために必要《ひつよう》なすべてのことをお願《ねが》いしているのです。

行基も若《わか》いころは国から弾圧《だんあつ》されたりしているのですけれども、晩年《ばんねん》には名声が高まっていたため、この人にお願いして奈良の大仏を建てたところ、たちまち、いろいろな病気等がなくなったというように言われています。

それから、弘法大師空海《こうぼうだいしくうかい》という人も、みなさんご存《ぞん》じかと思います。ちなみに、本章の法話《ほうわ》を行《おこな》ったとき、弘法大師空海にも関係がある映画《えいが》「美しき誘惑《ゆうわく》―現《げん》代《だい》の『画皮《がひ》』――」（製作総指揮《せいさくそうしき》・原作 大川隆法、二〇二一年五月公開）を撮影《さつえい》中でした。

この空海の時代に、日本でイナゴが大量《たいりょう》発生したことがあり、穀物《こくもつ》を食い荒《あ》らされて大変《たいへん》なことになったので、何とかして調伏《ちょうぶく》してくれないかとお願いをされたそうです。そして、空海が、密教《みっきょう》では護摩壇《ごまだん》といわれる祭壇を正式に築《きず》き、その上に座《すわ》って祈禱《きとう》をしたところ、翌日《よくじつ》にはイナゴがすべて消えてしまったというのです。

これは、歴史《れきし》的に文献《ぶんけん》にも遺《のこ》っている話です。一日でイナゴがいなくなったということで、仏教のなかの密教という一宗《しゅう》派《は》の派《は》祖《そ》であっても、イナゴの大群《たいぐん》を消し去るだけの力があったわけです。

また、例《たと》えば、日蓮《にちれん》なども、雨が降《ふ》らずに日照《ひで》りで困《こま》ったときに、雨乞《あまご》いの儀《ぎ》式《しき》をして雨を降らせています。

こういったことは、昔は、「僧侶《そうりょ》の仕事」だったのです。雨を降らすこともできれば、止めることもできます。イナゴが発生したら、これを消すこともできるわけです。

このように、宗教というものは、もっと強い力を持っているのです。人々がもっと信仰心に溢《あふ》れている時代であれば、ちゃんとそれだけの法力《ほうりき》を持った人が出てきて、いろいろなことに対して戦《たたか》う力が与《あた》えられているのです。

全世界に伝《つた》えるべき「エル・カンターレ下生《げしょう》」の事実

したがって、みなさまがたが、「エル・カンターレ下生《げしょう》」ということを全世界に伝《つた》えてくださって、全世界の人たちが、生きているうちにその事実をもっともっと知ってくだされば、世界はもっともっとよくなっていきます。

少なくとも、「宗教間の対立による戦争《せんそう》」などというものはなくしたいと思いますし、おそらくは、「未知《みち》なる病気」や「天変地異《てんぺんちい》」等もかなり調伏できるものだろうと、私は思っています。

大雨が降ったり、バッタが大量に発生したりするようなことについても、みな、「地球温暖化《おんだんか》が原因《げんいん》ではないか」などと言っていますけれども、そんなことはありません。地球は昔のほうがもっと温暖でしたが、そのときにそうはなっていません。地球の温度が三度や四度、多少、温暖化したぐらいではそうならないので、大丈夫《だいじょうぶ》なのです。もっと暖《あたた》かい時期もありましたし、寒い時期もあったのです。

人類《じんるい》は、溶岩《ようがん》がまだ流れているような時代にも生きていたことがありますし、氷河期《ひょうがき》も生き抜《ぬ》いたのです。氷河期などは普通《ふつう》は生きられないと思うでしょうが、その氷河期を生き抜く知恵《ちえ》があって、現代まで生き延《の》びてきているわけです。

そういうことを考えると、まだまだ、これからどのようなことが来ようとも、神への信仰を忘《わす》れずに、その時代を乗り越《こ》えることが大事だと思います。

「信仰の優位《ゆうい》」の下《もと》に「未来《みらい》のユートピア」をつくる

私たちの魂《たましい》は、はるかに長い年月を生きています。

そして、その根本《こんぽん》においては、神仏《しんぶつ》より分かれたる光の一つであることは確実《かくじつ》なのです。神仏より分かれた光の、ほんの一欠片《ひとかけら》かもしれませんが、磨《みが》けば大きな力を発揮する一欠片であるのです。

このことを認《みと》めているがゆえに、私は、いまだに民主主義《みんしゅしゅぎ》を否定《ひてい》せずに応援《おうえん》しているのです。

すなわち、みなさまがたも、神仏の子としての自覚《じかく》を持って仏性《ぶっしょう》を磨けば、これは必《かなら》ずや花開き、一定レベルの悟《さと》りを開くことは可能《かのう》なのです。

これと民主主義とを、同列に考えることができるということです。

したがって、そういう仏性を持った人であるということを各自《かくじ》が自覚し、神の心の下《もと》に、自分が正しいか正しくないかを常《つね》に検証《けんしょう》しながら活動を重ねて、よい政治をこの世につくっていこうと努力《どりょく》したならば、必ずや、そこに「未来《みらい》のユートピア」もできるし、「未来の政治経済体制《けいざいたいせい》」もつくれると思うのです。

ただ、そこには「信仰の優位《ゆうい》」、「信仰」というものが、まずしっかりとあって、すべてのものがそこから発生しなければいけません。「信仰の優位」があって、政治的な繁栄《はんえい》や、経済的な繁栄や、あるいは科学技術《ぎじゅつ》の進展《しんてん》や、宗教を中心とする文化的な繁栄があってよいと思うのです。この中心軸《じく》をずらしてはいけません。

今、こうしたことを言っているような政党《せいとう》や政治家はほとんどいません。また、経済原理を行っている人たちも、「儲《もう》かるか、儲からないか」だけであって、そのようなことは考えていないでしょう。「よい金か、悪い金か」などといったことは判定《はんてい》しようがないというのが、現在《げんざい》の経済学です。そのため、「犯《はん》罪《ざい》にならなければよい」と思っている人もいるかもしれませんが、そんなことはないのであって、やはり、「よい金、悪い金」というものはあるのです。

この世のユートピアを推《お》し進めるために頑張《がんば》って働《はたら》いて稼《かせ》いだお金は「よい金」です。ですから、みなさんにも、そのようになってほしいのです。

もちろん、年を取って体が動かない人や、障害《しょうがい》や病気のために現在は働けないという人もいるので、そういう方々に対して手を差《さ》し伸《の》べるのも大事なことですし、義務《ぎむ》の一つだとは思います。

ただ、健全《けんぜん》な肉体と精神《せいしん》を持っている方々には、もう一段《いちだん》、勤勉《きんべん》な精神を持って、「神の栄光をこの地上に降《お》ろすのだ。もう一段の成功《せいこう》をして、この世を光り輝《かがや》かせるのだ」という気持ちを持っていただきたいのです。

そうした余徳《よとく》のなかで、いろいろと恵《めぐ》まれない人たちを助けていくのは大事なことですが、全員が仕事を辞《や》めて政府からの給付金《きゅうふきん》で生きていくなどということはできません。それはできないものだと思ってください。

理想を失《うしな》わなければ、若《わか》さのなかに生きることができる

また、「会社の仕事は辞めて、もう働けない年齢《ねんれい》になりましたから」といっても、本当の意味で仕事がなくなったわけではないのです。心のなかで祈《いの》ることだって仕事の一つです。あるいは、他の人に対してアドバイスをすることだって仕事の一つです。九十歳《さい》になっても、若《わか》い人たちに対してアドバイスをすることはできます。宗教的なことであれば、導《みち》きはいくらでもできます。

お金を生む仕事だけが仕事ではありません。お金を生まなくなっても、仕事はまだ存在するのです。ですから、「みなさんの仕事は、年齢相応にまだまだ発展していく可能性があるのだ」ということを言っておきたいと思うのです。

私にしても、一般《いっぱん》の会社であれば、すでに定年になっているのですが、自分の

顔を見ても、まだ四十歳ぐらいに見えます。「肉体年齢で、ものを言うな！」ということです。

やはり、神の光を〝ガソリン〟として天上界《てんじょうかい》からどんどん受け続《つづ》けたならば、永遠《えいえん》の若さはみなさんのものとなり、働き続けることができるのです。

理想を失《うしな》ったとき、人には老《お》いが来るのです。

理想を失わなければ、みなさんも若さのなかに生きることはできるのです。

私の説法《せっぽう》は、三千三百五十回を超《こ》えましたが、まだまだやります。みなさんも、どうかついてきてください。

「若い人だけいればいいから、六十歳を過《す》ぎた人はもう消えてくれ」などと、私は思っていません。それから、幸福の科学を支《ささ》えてくださる大黒天《だいこくてん》企業《きぎょう》のみなさんにも、「たとえウィルスが来ようとも、たとえ洪水《こうずい》が来ようとも、たとえバッタが飛《と》んでこようとも、負けるな！」と言いたいのです。「たとえ世界を敵《てき》に回しても繁栄するのだ」という気持ちを、どうか持っていただきたいと思います。

幸福の科学は、まだまだこんなものではありません。道半《みちなか》ばもいいところです。

こんなものでは、まだまだ死ねません。今の十倍、百倍、行かなくてはなりません。

日本のなかでは、「戦後において最大《さいだい》に発展した宗教」として記憶《きおく》されるでしょうけれども、まだ、それ以上のものではありません。しかし、やはり、世界的に知られる必要があるのです。

人々に「希望《きぼう》」や「勇気《ゆうき》」を与《あた》える人になろう

もう何回目かになりますが、本法話の前日に、「シンデレラマン」という映画を観《み》ていました。ニューヨークにおいて、一九二九年の世界大恐慌《だいきょうこう》のころにボクサーだった人が、いったん失業《しつぎょう》してから復活《ふっかつ》して、世界チャンピオンになるという話です。

やはり、「希望《きぼう》」が必要なのです。「勇気《ゆうき》」を与《あた》える人が必要なのです。世界恐慌が起きてもいい。しかし、そのなかで「希望や勇気を与える人」が必要なのです。

「あの人、頑張っているな」「あの会社、頑張っているな」という希望や勇気があれば、ほかの人も立ち上がることはできるのです。ですから、右手が骨折《こっせつ》したら左手を鍛《きた》え、左パンチでチャンピオンの座《ざ》を、もう一回、取り戻《もど》すというような、そういうことが大事なのです。

みなさんも、環境《かんきょう》やコンディションを理由にしないで、「新しい力」をつくり上げて、発揮して、そして、世界を導いていこうではありませんか。

世界の人々に言います。

幸福の科学の活動は、今、日本が中心なので、日本がもっと強くならなければいけないのは当然《とうぜん》のことです。

しかし、アメリカ等の国々も、どうか、今のようなコロナ禍《か》で減速《げんそく》し、失速することのないように、もう一回、頑張っていただきたいと思います。

また、今、中国に対する批判《ひはん》をしていますが、「七百万人の香港《ホンコン》」対「十四億《おく》人の中国」について、「七百万人は生き残《のこ》って、十四億人は死ねばいい」などと思っているわけではありません。

そうではなく、やはり、「どのような生き方が、人間を幸福にする生き方なのか」という、その生き方の選《えら》び取りをさせようとしているだけなのです。方便《ほうべん》として批判はしていますが、私たちは、中国もその他の国も、発展・繁栄していくように導いていきたいと考えていますので、どうか、「人類愛《あい》」も忘れないでいただきたいと思います。

もっと力を！

もっと光を！

そして、もっと繁栄を！

あなたがたの信じている神が本当の神であるならば、あなたがたの未来に繁栄が開けることを、心の底《そこ》より祈っています。

あとがき

本書の一つの特徴《とくちょう》は、私たちが、霊的影響力と共存することで、この世を生きているという事実である。このことに気づかないと、まるでサングラスをかけて、室内を動きまわっている人のような生活感覚となる。

ある女性に嫉《ねた》まれて、髪の毛が抜けて、丸ハゲがいくつもできた女性に、来ている生霊《いきりょう》を特定し、「生霊退散《いきりょうたいさん》」を私が命じると、一、二カ月で、髪がボウボウと生《は》えてくるのである。まるで平安時代のようだと思われるだろうが、現代人が仏法真理《ぶっぽうしんり》を忘れ去っているだけなのである。

本書では、ウィルス撃退まで含めて、降魔《ごうま》を論じ、神の神秘的な力や、信仰の持つ奇跡のパワーも明らかにした。現代人にとっては、「新しい学問」として学び直す必要があるのではないだろうか。

この一冊は、必ずやあなたの人生を変えるだろう。

二〇二〇年　十二月

幸福《こうふく》の科学《かがく》グループ創始者兼総裁《そうししゃけんそうさい》　大川隆法《おおかわりゅうほう》

本書は左記の法話をとりまとめ、加筆したものです。

第1章　宗教の秘密の世界

二〇二〇年二月二日説法
幸福の科学 特別説法堂

第2章　霊障者の立ち直りについて

二〇二〇年三月二十八日説法
幸福の科学 特別説法堂

第3章　ザ・リアル・エクソシストの条件

二〇二〇年二月六日説法
幸福の科学 特別説法堂

第4章　降魔の本道

二〇二〇年十月四日説法
徳島県・幸福の科学
聖地エル・カンターレ生誕館

第5章　信仰からの創造

二〇二〇年七月十二日説法
栃木県・幸福の科学 総本山・正心館

『秘密の法』関連書籍

『太陽の法』（大川隆法 著　幸福の科学出版刊）
『神秘の法』（同右）
『真のエクソシスト』（同右）
『悪魔の嫌うこと』（同右）
『悪魔からの防衛術』（同右）
『真実の霊能者』（同右）
『新復活』（同右）
『ＵＦＯリーディング　地球の近未来を語る』（同右）
ＣＤ「THE THUNDER――コロナウィルス撃退曲――」
（大川隆法 作曲　発売・販売 幸福の科学出版）
ＣＤ「THE EXORCISM――不成仏霊撃退祈願曲――」（同右）

CD「悲しみから喜びへ」（大川隆法 作詞・作曲
発売 ニュースター・プロダクション／販売 幸福の科学出版）

※左記は書店では取り扱っておりません。最寄りの精舎・支部・拠点までお問い合わせください。

『The Real Exorcist』（大川隆法 著　宗教法人幸福の科学刊）
『How to Create the Spiritual Screen』（同右）

秘密《ひみつ》の法《ほう》――人生を変える新しい世界観――

2021年1月1日　初版第1刷
2021年12月7日　第34刷

著　者　大《おお》 川《かわ》 隆《りゅう》 法《ほう》

発行所　幸福の科学出版株式会社

〒107-0052 東京都港区赤坂2丁目10番8号
TEL(03)5573-7700
https://www.irhpress.co.jp/

印刷・製本　株式会社 堀内印刷所

落丁・乱丁本はおとりかえいたします

ISBN978-4-8233-0238-1 C0014

大川隆法 法シリーズ・**人生の目的と使命を知る《基本三法》**

太陽の法

エル・カンターレへの道

創世記や愛の段階、悟りの構造、文明の流転を明快に説き、主エル・カンターレの真実の使命を示した、仏法真理の基本書。14言語に翻訳され、世界累計1000万部を超える大ベストセラー。

第1章　太陽の昇る時
第2章　仏法真理は語る
第3章　愛の大河
第4章　悟りの極致
第5章　黄金の時代
第6章　エル・カンターレへの道

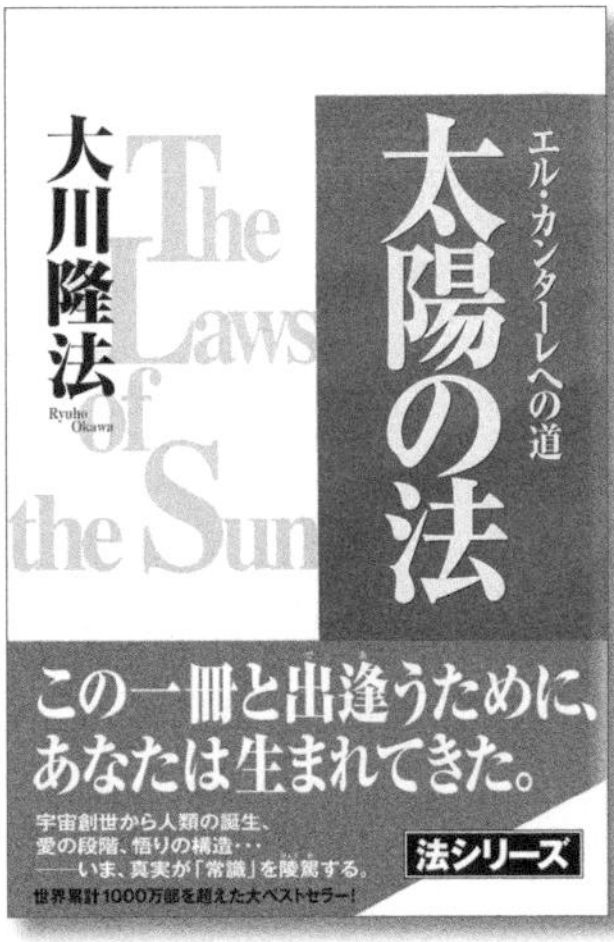

2,200円

黄金の法

エル・カンターレの歴史観

歴史上の偉人たちの活躍を鳥瞰しつつ、隠されていた人類の秘史を公開し、人類の未来をも予言した、空前絶後の人類史。

2,200円

永遠の法

エル・カンターレの世界観

『太陽の法』（法体系）、『黄金の法』（時間論）に続いて、本書は、空間論を開示し、次元構造など、霊界の真の姿を明確に解き明かす。

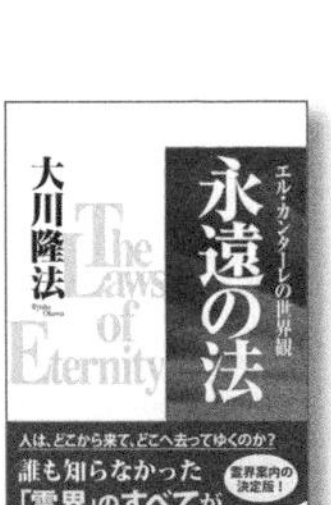

2,200円

※表示価格は税込10%です。

大川隆法ベストセラーズ・霊的世界の真実

神秘の法

次元の壁を超えて

この世とあの世を貫く秘密を解き明かし、あなたに限界突破の力を与える書。この真実を知ったとき、底知れぬパワーが湧いてくる！

1,980円

心眼を開く

心清らかに、真実を見極める

心眼を開けば、世界は違って見える──。個人の心の修行から、政治・経済等の社会制度、「裏側」霊界の諸相まで、物事の真実を見極めるための指針を示す。

1,650円

あなたの知らない地獄の話。

天国に還るために今からできること

無頼漢、土中、擂鉢《すりばち》、畜生、焦熱、阿修羅、色情、餓鬼、悪魔界──、現代社会に合わせて変化している地獄の最新事情とその脱出法を解説。

1,650円

※表示価格は税込10%です。

大川隆法ベストセラーズ・霊的世界の真実

霊的世界のほんとうの話。

スピリチュアル幸福生活

36問のQ＆A形式で、目に見えない霊界の世界、守護霊、仏や神の存在などの秘密を解き明かすスピリチュアル・ガイドブック。

1,540円

死んでから困らない生き方

スピリチュアル・ライフのすすめ

仏陀にしか説けない霊的世界の真実──。この世とあの世の違いを知って、天国に還る生き方を目指す、幸福生活のすすめ。

1,430円

地獄に堕ちた場合の心得

「あの世」に還る前に知っておくべき智慧

身近に潜む、地獄へ通じる考え方とは？地獄に堕ちないため、また、万一、地獄に堕ちたときの「救いの命綱」となる一冊。〈付録〉中村元・渡辺照宏の霊言

1,650円

大川隆法ベストセラーズ・霊的パワーの秘密に迫る

漏尽通力《ろじんつうりき》

現代的霊能力の極致

高度な霊能力の諸相について語った貴重な書を、秘蔵の講義を新規収録した上で新装復刻！ 神秘性と合理性を融合した「人間完成への道」が示される。

1,870円

観自在力《かんじざいりき》

大宇宙の時空間を超えて

釈尊を超える人類史上最高の「悟り」と「霊能力」を解き明かした比類なき書を新装復刻。宗教と科学の壁を超越し、宇宙時代を拓く鍵が、ここにある。

1,870円

真実の霊能者

マスターの条件を考える

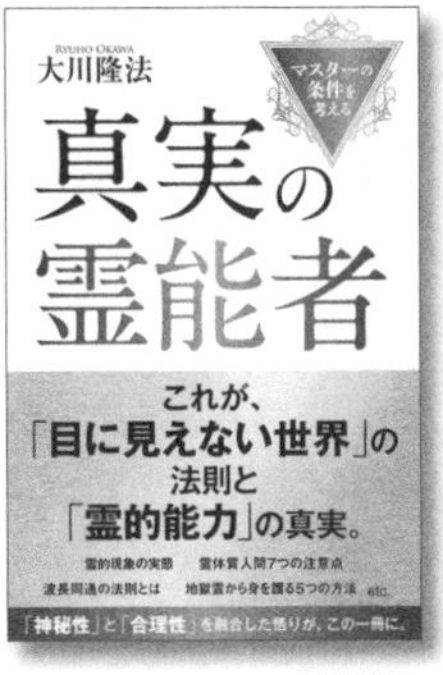

霊能力や宗教現象の「真贋《しんがん》」を見分ける基準はある──。唯物論や不可知論ではなく、「目に見えない世界の法則」を知ることで、真実の人生が始まる。

1,760円

※表示価格は税込10％です。

大川隆法ベストセラーズ・**降魔と成道**

悪魔の嫌うこと

悪魔は現実に存在し、心の隙を狙ってくる！ 悪魔の嫌う3カ条、怨霊の実態、悪魔の正体の見破り方など、目に見えない脅威から身を護るための「悟りの書」。

1,760円

真のエクソシスト

身体が重い、抑うつ、悪夢、金縛り、幻聴──。それは悪霊による「憑依」かもしれない。フィクションを超えた最先端のエクソシスト論を、ついに公開。

1,760円

信仰と情熱

プロ伝道者の条件

多くの人を救う光となるために──。普遍性と永遠性のある「情熱の書」、仏道修行者として生きていく上で「不可欠のガイドブック」が、ここに待望の復刻。

1,870円

※表示価格は税込10%です。

大川隆法ベストセラーズ・コロナ危機を乗り越えるために

コロナ不況に どう立ち向かうか

コロナ・パンデミックはまだ終わらない――。東京五輪断行が招く二つの危機とは？ 政府や自治体に頼らず、経済不況下を強靭に生き抜く「智慧」がここに。

1,650円

人の温もりの経済学
アフターコロナのあるべき姿

世界の「自由」を護り、「経済」を再稼働させるために――。コロナ禍で蔓延する全体主義の危険性に警鐘を鳴らし、「知恵のある自助論」の必要性を説く。

1,650円

コロナ不況下の サバイバル術

恐怖ばかりを煽るメディア報道の危険性や問題点、今後の経済の見通し、心身両面から免疫力を高める方法など、コロナ危機を生き延びる武器となる一冊。

1,650円

幸福の科学出版

大川隆法ベストセラーズ・信仰による奇跡

新復活

医学の「常識」を超えた奇跡の力

最先端医療の医師たちを驚愕させた奇跡の実話。医学的には死んでいる状態から"復活"を遂げた、著者の「心の力」の秘密が明かされる。

1,760円

病《やまい》を乗り切るミラクルパワー

常識を超えた「信仰心で治る力」

糖質制限、菜食主義、水分摂取──、その"常識"に注意。病気の霊的原因と対処法など、超・常識の健康法を公開！認知症、統合失調症等のＱＡも所収。

1,650円

ザ・ヒーリングパワー

病気はこうして治る

ガン、心臓病、精神疾患、アトピー……。スピリチュアルな視点から「心と病気」のメカニズムを解明。この一冊があなたの病気に奇跡を起こす！

1,650円

※表示価格は税込10%です。

大川隆法霊言シリーズ・宇宙の秘密に迫る

R・A・ゴール 地球の未来を拓く言葉

今、人類の智慧と胆力が試されている──。コロナ変異種拡大の真相や、米中覇権争いの行方など、メシア資格を有する宇宙存在が人類の未来を指し示す。

1,540円

ヤイドロンの霊言「世界の崩壊をくい止めるには」

ミャンマーやアフガンの混乱、台湾危機……。最悪のシナリオを防ぎ、中国の計略から地球の正義を守るための、宇宙存在ヤイドロンから人類への「一喝」。

1,540円

「UFOリーディング」写真集1・2・3

"彼ら"はなぜ地球に来るのか? そして、何を伝えたいのか? 宇宙時代の到来を告げる最新UFO情報が満載の「UFOリーディング」写真集シリーズ。

各1,650円

幸福の科学グループのご案内

宗教、教育、政治、出版などの活動を通じて、地球的ユートピアの実現を目指しています。

幸福の科学

一九八六年に立宗。信仰の対象は、地球系霊団の最高大霊、主エル・カンターレ。世界百六十カ国以上の国々に信者を持ち、全人類救済という尊い使命のもと、信者は、「愛」と「悟り」と「ユートピア建設」の教えの実践、伝道に励んでいます。

（二〇二一年十一月現在）

愛

幸福の科学の「愛」とは、与える愛です。これは、仏教の慈悲《じひ》や布施《ふせ》の精神と同じことです。信者は、仏法真理をお伝えすることを通して、多くの方に幸福な人生を送っていただくための活動に励んでいます。

悟り

「悟り」とは、自らが仏の子であることを知るということです。教学《きょうがく》や精神統一によって心を磨き、智慧《ちえ》を得て悩みを解決すると共に、天使・菩薩《ぼさつ》の境地を目指し、より多くの人を救える力を身につけていきます。

ユートピア建設

私たち人間は、地上に理想世界を建設するという尊い使命を持って生まれてきています。社会の悪を押しとどめ、善を推し進めるために、信者はさまざまな活動に積極的に参加しています。

国内外の世界で貧困や災害、心の病で苦しんでいる人々に対しては、現地メンバーや支援団体と連携して、物心両面にわたり、あらゆる手段で手を差し伸べています。

年間約２万人の自殺者を減らすため、全国各地で街頭キャンペーンを展開しています。

公式サイト **www.withyou-hs.net**

自殺防止相談窓口

受付時間　火～土:10～18時（祝日を含む）

TEL **03-5573-7707**　メール **withyou-hs@happy-science.org**

ヘレン・ケラーを理想として活動する、ハンディキャップを持つ方とボランティアの会です。視聴覚障害者、肢体不自由な方々に仏法真理を学んでいただくための、さまざまなサポートをしています。

公式サイト **www.helen-hs.net**

入会のご案内

幸福の科学では、大川隆法総裁が説く仏法真理《ぶっぽうしんり》をもとに、「どうすれば幸福になれるのか、また、他の人を幸福にできるのか」を学び、実践しています。

入会

仏法真理を学んでみたい方へ

大川隆法総裁の教えを信じ、学ぼうとする方なら、どなたでも入会できます。入会された方には、『入会版「正心法語《しょうしんほうご》」』が授与されます。

ネット入会 入会ご希望の方はネットからも入会できます。
happy-science.jp/joinus

三帰《さんき》誓願《せいがん》

信仰をさらに深めたい方へ

仏弟子としてさらに信仰を深めたい方は、仏《ぶっ》・法《ぽう》・僧《そう》の三宝《さんぽう》への帰依を誓う「三帰誓願式」を受けることができます。三帰誓願者には、『仏説・正心法語』『祈願文《きがんもん》①』『祈願文②』『エル・カンターレへの祈り』が授与されます。

幸福の科学 サービスセンター
TEL 03-5793-1727
（受付時間／火～金：10～20時　土・日祝：10～18時（月曜を除く））

幸福の科学 公式サイト
happy-science.jp

仏法真理塾「サクセスNo.1」

全国に本校・拠点・支部校を展開する、幸福の科学による信仰教育の機関です。小学生・中学生・高校生を対象に、信仰教育・徳育にウエイトを置きつつ、将来、社会人として活躍するための学力養成にも力を注いでいます。

TEL 03-5750-0751（東京本校）

エンゼルプランV

東京本校を中心に、全国に支部教室を展開。信仰をもとに幼児の心を豊かに育む情操教育を行い、子どもの個性を伸ばして天使に育てます。

TEL 03-5750-0757（東京本校）

エンゼル精舎

乳幼児が対象の、託児型の宗教教育施設。エル・カンターレ信仰をもとに、「皆、光の子だと信じられる子」を育みます。
（※参拝施設ではありません）

不登校児支援スクール「ネバー・マインド」

TEL 03-5750-1741

心の面からのアプローチを重視して、不登校の子供たちを支援しています。

ユー・アー・エンゼル!（あなたは天使!）運動

障害児の不安や悩みに取り組み、ご両親を励まし、勇気づける、障害児支援のボランティア運動を展開しています。

一般社団法人 ユー・アー・エンゼル
TEL 03-6426-7797

NPO活動支援

学校からのいじめ追放を目指し、さまざまな社会提言をしています。また、各地でのシンポジウムや学校への啓発ポスター掲示等に取り組む一般財団法人「いじめから子供を守ろうネットワーク」を支援しています。

公式サイト mamoro.org　ブログ blog.mamoro.org
相談窓口 TEL.03-5544-8989

百歳まで生きる会

「百歳まで生きる会」は、生涯現役人生を掲げ、友達づくり、生きがいづくりをめざしている幸福の科学のシニア信者の集まりです。

シニア・プラン21

生涯反省で人生を再生・新生し、希望に満ちた生涯現役人生を生きる仏法真理道場です。定期的に開催される研修には、年齢を問わず、多くの方が参加しています。
全世界212カ所（国内197カ所、海外15カ所）で開校中。

【東京校】 TEL 03-6384-0778　FAX 03-6384-0779
メール senior-plan@kofuku-no-kagaku.or.jp

幸福実現党

内憂外患《ないゆうがいかん》の国難に立ち向かうべく、2009年5月に幸福実現党を立党しました。創立者である大川隆法党総裁の精神的指導のもと、宗教だけでは解決できない問題に取り組み、幸福を具体化するための力になっています。

党の機関紙
「幸福実現党NEWS」

幸福実現党 釈量子サイト **shaku-ryoko.net**
Twitter **釈量子@shakuryoko**で検索

幸福実現党 党員募集中

あなたも幸福を実現する政治に参画しませんか。

○幸福実現党の理念と綱領、政策に賛同する18歳以上の方なら、どなたでも参加いただけます。

○党費:正党員(年額5千円[学生 年額2千円])、特別党員(年額10万円以上)、家族党員(年額2千円)

○党員資格は党費を入金された日から1年間です。

○正党員、特別党員の皆様には機関紙「幸福実現党NEWS(党員版)」(不定期発行)が送付されます。

＊申込書は、下記、幸福実現党公式サイトでダウンロードできます。
住所:〒107-0052　東京都港区赤坂2-10-8 6階 幸福実現党本部
TEL **03-6441-0754**　FAX **03-6441-0764**
公式サイト **hr-party.jp**

幸福の科学出版

大川隆法総裁の仏法真理の書を中心に、ビジネス、自己啓発、小説など、さまざまなジャンルの書籍・雑誌を出版しています。他にも、映画事業、文学・学術発展のための振興事業、テレビ・ラジオ番組の提供など、幸福の科学文化を広げる事業を行っています。

アー・ユー・ハッピー？
are-you-happy.com

ザ・リバティ
the-liberty.com

幸福の科学出版
TEL **03-5573-7700**
公式サイト **irhpress.co.jp**

THE FACT
ザ・ファクト
マスコミが報道しない「事実」を世界に伝えるネット・オピニオン番組

YouTubeにて
随時好評
配信中！

ザ・ファクト　検索

NEW STAR PRODUCTION

ニュースター・プロダクション

「新時代の美」を創造する芸能プロダクションです。多くの方々に良き感化を与えられるような魅力あふれるタレントを世に送り出すべく、日々、活動しています。 公式サイト **newstarpro.co.jp**

ARI《アリ》 Production《プロダクション》

タレント一人ひとりの個性や魅力を引き出し、「新時代を創造するエンターテインメント」をコンセプトに、世の中に精神的価値のある作品を提供していく芸能プロダクションです。 公式サイト **aripro.co.jp**

大川隆法　講演会のご案内

大川隆法総裁の講演会が全国各地で開催されています。講演のなかでは、毎回、「世界教師」としての立場から、幸福な人生を生きるための心の教えをはじめ、世界各地で起きている宗教対立、紛争、国際政治や経済といった時事問題に対する指針など、日本と世界がさらなる繁栄の未来を実現するための道筋が示されています。

2020年12月8日 さいたまスーパーアリーナ
「“With Savior”（ウィズ・セイビア）―救世主と共に―」

2019年10月6日 ザ ウェスティン ハーバーキャッスル トロント（カナダ）
「The Reason We Are Here」

2019年12月17日 さいたまスーパーアリーナ
「新しき繁栄の時代へ」

2019年3月3日 グランド ハイアット 台北（台湾）
「愛は憎しみを超えて」

2019年7月5日 福岡国際センター
「人生に自信を持て」

講演会には、どなたでもご参加いただけます。
最新の講演会の開催情報はこちらへ。⟹

大川隆法総裁公式サイト
https://ryuho-okawa.org